「イヤな気持ち」を今すぐ消す方法

こころをリセットする5つのルール

ビジネス心理コンサルタント
林 恭弘

SOGO HOREI PUBLISHING CO., LTD

プロローグ　一冊の本から得られるもの。

私もさまざまな分野の、たくさんの本にお世話になってきました。

経験上、振り返ってみて、それらは素晴らしい本の数々ではあっても、一冊の本から得られるものはひとつから二つぐらいのように思います。

もちろんそれは、私自身の視野が狭く、理解能力も遅いことにも理由があると自覚しています。

しかし人間は同時に複数、何かを新たに習得することは得意でないと考えています。

本書の読者もそのように考えていただいてよろしいのではないでしょうか。

例えば、思い悩んで行き詰まったときには、「論理療法」での「ＡＢＣ理論」を思い出して『自分はいま起こっている出来事から、受けた止め方を自由に選べるのだ』ということを意識してみる。その時点で固定観念から解放されるでしょう。

あるいは、交流分析を思い出して、「心に刷り込まれたメッセージ」を自覚して受け入れ、『私はＯＫ　あなたもＯＫ』の関係に近づける些細な言動をとってみる。

自己暗示法を思い出して『ゆっくりと自分の中に、より良きイメージを思い浮かべてみよう』と静かに瞑想をしてみる。

対人関係では、相手の様子を過剰に意識して、恐ろしい妄想を膨らませるのではなく、『気軽なひと言から話しかけてみる』。喜怒哀楽の感情を嫌うのではなく、自分でゆっくりと味わい、少しずつそれらの感情を許していく。

本書の中で、「なるほどなあ」と感じた部分があれば、ひとつだけ実践してみてください。人間は、「変わりたい」と思っても変化を嫌う生き物です。急激に変化することに体も心も危機感をもつからです。ひとつ、そして、またひとつ。少しずつ、一歩ずつ、自分の心をコントロールする能力を養ってください。

林　恭弘

CONTENTS

「イヤな気持ち」を今すぐ消す方法

装丁　八十島博明（Grid Co. Ltd.）
DTP　横内俊彦
校正　池田研一

第1章

心が落ち込む原因を考えましょう

あなたの心を支配する「イヤな気持ち」

■いきなりポジティブな思考になんてなれません！

「ポジティブな思考」——。

だれもが「そうなればいい」と思っているのではないでしょうか？

しかし実際には、日常のさまざまな出来事の中で落ちこみ、悩み、つらい思いを抱えこんでしまうことがあります。

そのようなときに、「いつまで悩んでいてもしかたがないよ。ポジティブな思考にならなくちゃっ！」。このように励ましてくれる人たちがあなたの周りにもいるでしょう。

しかし悩んでいるあなたからすると、「わかっちゃいるけど、そうなれないんだよ」。こう言いたい気分になるのではないでしょうか？

「ポジティブな思考」は気合でも根性でもありません。ですから「ポジティブな思考だ！」と叫んでもかなうものではないのです。

なぜなら、ポジティブな思考、「イヤな気持ち」とは「心の中のつぶやき」が生み出すものだからです。ポジティブな思考が身についている人は、心の中でごく自然に「よいつぶやき」をしています。

もし、あなたの心を「イヤな気持ち」が支配しているとすれば、それは**自分でも気づかぬうちに心の中で「悪いつぶやき」をしている**ことになります。

■あなたの気持ちは変えられる

メンタルの世界はすべてが、ごく自然に出てくる「心の中のつぶやき」です。あなたの心にある「イヤな気持ち」は、あなたの生まれついてのものではありません。

それは知らず知らずのうちに、心に蓄積したネガティブな「つぶやき」があなたを落ちこませているのです。

ですから、そのあなたを落ちこませている「つぶやき」に気づいて、「イヤな気持ち」を消して「ポジティブな思考」に書き換えるのです。あなたのメンタルを変えていくことができます。「イヤな気持ち」は、あなた自身で消すことができるのです。

「イヤな気持ち」に支配される人、されない人

■日々の出来事は、幸せ・不幸とは関係ない？

私たちは日々の生活で、また人生の中でさまざまな出来事に出会い、喜びを感じたり、また悩んだりします。

その「出来事」が幸せや不幸をもたらしていると思いがちですが、じつは、決してそうではないのです。このことを、心理学者アルバート・エリス博士は「ＡＢＣ理論」として説明しています。

■ＡＢＣ理論

ＡＢＣ理論の、ＡはＡｄｖｅｒｓｉｔｙの頭文字で「出来事や状況」という意味です。私たちは出来事や状況が直接、Ｃ＝Ｃｏｎｓｅｑｕｅｎｃｅ「感情や結果」をもたらすのだと思っていますが、じつはその間にＢ＝Ｂｅｌｉｅｆ「受け止め方」が介在しているわけです。

ですから同じ出来事が起こっても、それぞれ人によって感じ方が違いますよね。

「ポジティブな思考」の人もいれば、「イヤな気持ち」を消せない人もいるのです。

「どうしてあの人はあの程度のことで悩んでいるのだろう」とか、一方では「どうしてあの人はあんな状況なのに平気なのだろう」ということが出てくるのはそのせいです。

つまり**「受け止め方」（出来事・状況に対する心のつぶやき）が感情や結果をつくりだしている**わけです。

つぶやき練習問題１（「予期せぬ出来事」が起こったとき）

■つぶやきチェック

あなたは次のようなことが起こったときには、心の中でどのようなつぶやきをしているのでしょうか？

ここで、あなたが心でどんな「つぶやき」をしているかのチェックをしてみましょう。

レッスン１　「イヤな出来事」が起こったときのつぶやき

結婚を約束していた彼女（彼）が、他に好きな人ができて、自分のもとから離れていった……。

さて、あなたはこんなとき心の中でどのようなつぶやきをしているのでしょうか？

思い当たるものに、いくつでもチェックをしてみてください。

あなたの思いつくつぶやきをチェックしてみよう

- □ こんなことが自分に起こるべきではない
- □ 彼女（彼）は最低の人だ
- □ 結婚の約束までしていたのに心変わりするべきではない
- □ 自分をこんなにも傷つけて、許せない
- □ 自分には魅力がなかったのか
- □ その新しい相手に自分は負けた
- □ 人なんてもう信用できない
- □ 恋愛はもう怖い

□　自分は異性から愛されない人間だ
□　きっとまた裏切られる

失恋して落ちこんでいるときには、このような「つぶやき」を心の中でブツブツ言っているはずです。

しかし、違う受け止め方（つぶやき）はないのでしょうか？　心からは思えなくても結構です。

考えられるかぎりの違う受け止め方（つぶやき）を、次に書き出してみてください。

チェックした以外のつぶやきは？　書きこんでみよう

①

②

③

④

⑤

⑥

⑦

⑧

⑨

⑩

いかがでしょうか？　どんなつぶやきを書き出すことができましたか？

ここで、ポジティブな思考のつぶやき例をあげてみましょう。失恋して落ちこみ泣きはらした後に、立ちなおってまた新しい日々を送り、恋愛を迎える人は、次のようなつぶやきを見つけて、胸の中に深く収めていきます。

■ポジティブなつぶやき例

①　彼女（彼）が離れていったことは事実なのでしかたがない

②　自分にもこんなことが起こるものなのだ

③自分もつらいけれど、彼女（彼）も迷い苦しんだのかもしれない
④結婚の約束をしていても、破談になる可能性は一般的にもあるものだ
⑤いまはつらくて悲しいけれど、きっと耐えられる
⑥彼女（彼）と恋愛はしたけれど、パートナーとしては違ったのかもしれない
⑦その新しい相手は自分とは違うよさがあったのだろう
⑧人の心は常に移り、変わるものだということを受け入れよう
⑨パートナーとなる異性は彼女（彼）だけではない
⑩今回の経験を通して自分が成長することで、もっと素敵なパートナーとの出会いがあるかもしれない。自分に見合う人としか縁はないものだ

つぶやき練習問題２（「不都合な出来事」が起こったとき）

■つぶやきチェック

レッスン２　イヤな出来事が起こったときのつぶやき

わが子（兄弟）が不登校になった。

あなたの思いつくつぶやきをチェックしてみよう

□　こんなことが起こるべきではない
□　子どもは学校に行くべきである（行かねばならない）
□　学力が落ちるに違いない
□　ろくな学校に進学できない
□　将来の就職にも不利だ
□　社会の落ちこぼれになる
□　子育てを間違えた
□　親（兄弟）として恥ずかしい、情けない
□　世間体が悪い
□　この子の人生、お先真っ暗だ

わが子が不登校になって、イヤな気持ちを消せない人は前記のようなつぶやきをしているはずです。そして、結果的に子どもにも、自分にも余計にストレスをかけていきます。結局は家庭がイヤな雰囲気になっていくばかりで、なにも解決しません。

チェックした以外のつぶやきは？　書きこんでみよう

①

②

③

④

⑤

⑥

⑦

⑧

⑨

⑩

わが子が不登校になり、一時は落ちこみ悩んでも、家族で力を合わせてなんとか乗り越えていく人は、次のような**ポジティブなつぶやきへと書き換えていく**ことで、かえって家族の絆を深めていきます。

そして時間はかかったとしても、子どもはエネルギーを取り戻していきます。

■ポジティブなつぶやき例

① この子が不登校になったことは事実である

② 自分たちが知らないうちに、ずいぶんつらい思いをしていたのかもしれない

③ 忙し過ぎて家庭があたたかい空気ではなく、悩みを打ち明けにくかったのかも

しれない
④いまこそ心を開いてゆっくり話を聴く機会なのかもしれない
⑤この子なりの思いや考えがあるのかもしれない
⑥学校に行けるに越したことはないけれど、それがすべてではない
⑦高学歴で勝負していくことは難しいかもしれないけど、他の生き方だってある
⑧この子の個性とよさをこれからはよく見ていこう。すばらしいところは必ずたくさんある
⑨将来どんな大人になりたいのか話し合おう
⑩「学校に行けなくても愛している」って言ってあげよう。いままでは照れくさくて、そんなことはなかなか言えなかったから

つぶやき練習問題３（「不利益な出来事」が起こったとき）

■つぶやきチェック

レッスン３　不利益な出来事が起こったときのつぶやき

重い病気になって入院した。

あなたの思いつくつぶやきをチェックしてみよう

□ こんなことが自分に起こるべきではない
□ 何がいけなかったっていうんだ！
□ 悪い病気で治らないかもしれない
□ 社会から置いていかれる
□ 自分のことなど忘れられてしまうのではないか
□ 入院などしている暇はない
□ 職場の人に迷惑をかける
□ 家族に心配と負担をかける
□ だめかもしれない、死ぬのが怖い
□ もう耐えられない

「病気が人を蝕むのではなく、妄想が人を蝕む」とは、昔からよく言われた言葉でもあります。病気になるということは日々の生活の不摂生が大きな原因ではありますが、それさえも常日頃の「心構え」からです。

ネガティブなつぶやきが心の中を占め、イラだつばかりで、身近な人や周囲の環境に感謝の気持ちを忘れ、ストレスをためこんでいると、やはり病気になる確率は格段に高くなります。

チェックした以外のつぶやきは？　書きこんでみよう

①

②

③

④

⑤

⑥

⑦

⑧

⑨

⑩

■ポジティブなつぶやき例

①　病気になったことは事実である。しかたがない

②　もう少し身体に意識を向けることが必要だったのだろう

③　仕事や生活、そして人生全体のアンバランスを身体がＳＯＳとして教えてくれているのかもしれない

④　時間はロスするが、生き方を考えなおしてみる機会かもしれない

⑤　職場の人には迷惑をかけるが、逆に人が育ってくれるといい

⑥　家族には心配と負担をかけるが、ゆっくり向き合うよい機会かもしれない

⑦　健康を損ねて、あらためて健康であることのたいせつさがわかった

⑧　あたりまえであることの有難さを知るよい機会である
⑨　感謝の気持ちをあらたにして、周囲の人にそれを伝えよう
⑩　「病は気から」というではないか。心を健やかに保ち、やさしい気持ちでいると、きっとよくなる。そして、いまはつらいけれど耐えられる

ポジティブな思考はノーテンキとは違う

■ネガティブなつぶやきはあってもいい

「ポジティブな思考」と言うと、「何でも前向きに考えて！」というようにとらえられがちですが、そうではありません。

先ほど解説しました、「予期せぬ出来事」「不都合な出来事」「不利益な出来事」に対してあげた「ポジティブなつぶやき」は、いま落ちこんでいる人にとっては、少々無理があるかもしれません。

なぜならば、ネガティブなつぶやきも確かに心の中でささやいているからです。ですから、「くよくよしないでポジティブな思考で！」と言われても、それは現実的ではないのです。いわばそれは「心の中にあるイヤな気持ちに目を背けてノーテンキに

なれ」と言っているようなものだからです。

■ポジティブなつぶやきもつくれる

では現実的にはどうなのかと言うと、「ネガティブなつぶやきもたくさんあるけれど、ポジティブなつぶやきもつくることができる」ということです。「つぶやき練習問題」では、それぞれの出来事や状況に対して10ずつ、合計30のプラス・マイナスのつぶやきを紹介しましたが、「どちらのつぶやきもある」ということが現実です。

言い換えてみればメンタルが弱い人は、ネガティブなつぶやきしかなく、ポジティブなつぶやきがあることにすら気づいていない人かもしれません。それを「固定観念」と言います。

イヤな気持ちを消す技術の基礎「しゃあない」

■「しゃあない」で過去の出来事・状況への執着を捨てる

あなたがイヤな気持ちを消して、ポジティブな思考へと変わっていくはじまりは、「しゃあない（標準語では〝しかたがない〟）」というつぶやきからです。

イヤな気持ちに心が支配される特徴は、「こんなことが起こるべきではない」という「起こってしまった過去の出来事や状況への執着」です。

だから、心でその出来事を拒絶しているために、「つぶやき」は否定的なものしか聴こえてこないのです。つまり、ずっと後ろを向いた状態なのです。これでは前を向いていくというポジティブな気持ちは生まれません。

私たちは日々や人生の中で、「予期せぬ出来事」「不都合な出来事」「不利益な出来事」に数え切れないくらい遭遇するのが現実です。もしあなたが「予期していたとおりのこと」「都合のいいこと」「利益になること」ばかりの日々や人生であれば、落ちこんだり悩んだりすることはないでしょう。

そこで、「しゃあない」というつぶやきを**心の中で唱えることで、その出来事や状況を「そのことは残念ではあったけれど、受け入れた」ということ**になります。そして、はじめてそこから一歩前に踏み出していけるのです。

イヤな気持ちを消す「心の着替え」

■つぶやきは自由に選べる

ここまで見てきたように、「ポジティブな思考」というのは「ノーテンキになれ」ということではありません。ポジティブな思考は「ネガティブなつぶやきには耳を貸すな」ということではなく、「ひとつの出来事・状況にはネガティブなつぶやきがたくさん出てくる。しかし、ポジティブな心のつぶやきも数限りなく書き出すことができる」という、ネガティブなつぶやきの存在を認めて受け入れていることです。

つまり、つぶやきは無限にあって、その中から自分で自由に選べるということです。

■心の着替えを持っているか？

おしゃれが上手な人は、ＴＰＯ（時と場所と機会）に合わせて身につけるものを選んでいる人です。それはけっして高価なものではなくても、本人も周囲の人も充分に楽しみ満足しています。

私たちの心も似ています。**ポジティブな思考のできる人は「心の着替え」をたくさ**

ん持っている人です。

そして、その時々の出来事や状況に合わせていちばんふさわしく、自分をやさしく包んでくれる、あるいは勇気づけてくれる「受け止め方（＝つぶやき）」に着替えることができる人です。

［第2章］

心のつぶやきはどこから来る？

だれでも固定観念にしばられている

■あなたの固定観念は？

「あなたが現在持っている『固定観念』を書いてみてください」。

このような疑問を投げかけて、それぞれの人が現在抱えている、「固定観念」を書き出してもらうことがあります。

あなたも、以下の枠に書き出してみてください。

あなたが現在持っている「固定観念」を書き出してみよう

■あなたが書き出した「固定観念」は……

いかがでしょうか？　書き出していただけましたか？

さて、あなたには自分で気づいた範囲での、固定観念を書き出してもらいました。

しかし、それらはじつは固定観念ではありません。

なぜならば、書き出せるということは「気づいている」から固定観念ではないのです。

固定観念とは「普段は意識せずに持ち続けている、凝り固まった考え」のことです。

ですから、あなたはそれを「疑ったこと」もなければ「疑う余地」すら感じたことがなく、「あたりまえ」になっている考えです。**つまりは、ほぼ無意識の中に沈殿している「つぶやき」のこと**です。

無意識のつぶやきに目を向けよう

■あたりまえを疑ってかかること

無意識の「つぶやき」は、もちろんあなたを支えてくれているものもありますが、あなたを苦しめているものもあります。

そして問題なのは、あなたを苦しめる「つぶやき」です。しかし、自分で気づいていないだけに、それは、あなたを落としこみ、悩みからなかなか解放してはくれません。

なぜなら「気づいていない」から、奥深いところに沈殿しているこの「つぶやき」によってついつい「受け止め方」がネガティブになり、劣等感や憂鬱にはまりこんでしまうわけです。

では、どうすればいいのでしょう？　その第一歩は、まずそのあなたを苦しめる「つぶやき」に気づくところからがスタートです。

つまり「あたりまえを疑ってかかる」ことで、固定観念にはじめて気づくことができ、少しずつでも**修正していくことで打破できる**のです。「気づいてもいないもの」

は、変えることなどできないわけです。

まずは、次の節の自分で固定観念に気づくためのワークシートを使って、その「つぶやき」を意識に上げていきましょう。

固定観念に気づくためのワークシート1

■社会の情報から与えられたつぶやき

私たちの思考は、日常の中で取りこんでいるさまざまな情報によって成り立っています。

現代は情報化社会です。その中で生活する私たちは、流される**大量の情報を取りこむことで「あたりまえ」というバランスを保っている**のです。

しかし、ただ流される情報を検討もせずに取りこんでいくと、あなたにストレスをかけるような思いこみ（つぶやき）になる可能性があります。

次にあげるものの中で、あなたに当てはまるものはないでしょうか？　当てはまるものがあればチェックをしてみてください。

あなたが「あたりまえ」と思うものはどれでしょうか？

□　仕事はつらいものである
□　理想などかなうものではない
□　年をとるのはさみしいものだ
□　美人は得をする
□　婚約指輪は給料の３カ月分
□　家庭を持つと好きなことができなくなる
□　セミ・リタイア生活はカッコイイ
□　お金がないのはわびしいものだ
□　物騒な事件が多いので、幼い子どもは親が守ってやらないといけない
□　学歴は高いほうがいい

■受け止め方を検討してみよう

あなたが「あたりまえ」だと思うものにチェックをしていただきました。では実際、

事実はどうなのでしょうか？

あなたがあたりまえと思っている考え以外にも、次のような考えもあるのです。

◇仕事はつらいものである

どのような仕事についてもある程度の仕事をこなすためには知識を吸収し、技術を身につけ、経験を積み重ねる必要があります。

そして経験を身につけたとしても予期せぬ事態をまねき、困惑したり、人間関係のトラブルからストレスをためたり、あるいはマンネリにはまりこんで意欲を落とすこともあります。

しかしそれらを乗り越えたときに、このうえない充実感を得るものです。つまり、**つらさを乗り越えてこそ充実感を得ることができる**と言い換えることもできるのです。

◇理想などかなうものではない

理想というのはその当人がいま現在、思い描いている「あるべき姿」です。そして「あるべき姿」は、事を進めていくうちに変化していくものでもあります。当初描いていた「理想＝あるべき姿」に到達しなければ、人生は挫折かというと決してそうではないはずです。

もしそうだとすれば、子どもの頃に野球選手になるという理想を掲げていた人間は、ほとんどが人生台無しになっているはずです。このことは大人になっても同じではないでしょうか。

かなう、かなわないという問題ではなく、一旦は思い描いた「あるべき姿」ではありますが、後の環境や状況に応じて変化するものなのです。重要なことは、その時々の**理想を思い描き、近づこうとすること**です。

◇年をとるのはさみしいものだ

日本人対象の幸福度調査では20歳代前半がピークであるのに対して、アメリカ合衆国では60歳代がピークだそうです。このことは日本人の意識が「人生、若いうちが花」に対して、アメリカ人は「老いてますます人生は豊かになる」という思いこみが大きく影響しているのではないでしょうか。

◇美人は得をする

一般的に美人と言われている人でも、不幸感を持ちながら生活している人は数多くいるはずです。たまたま美人で幸せそうな人を見て、「美人はやはり得だ」という一般化につながっているだけです。

たしかに一般的に言う「美人」だと、異性からちやほやされる可能性は高いのかもしれません。しかしその分、好きでもない異性から言い寄られてわずらわしい思いをする可能性も高まるわけで、「何が得か」の判断はむずかしいのではないでしょうか。

自分の持つ能力で勝負するか、性格で勝負するか、容姿で勝負するのか、いずれにしても**自分の長所をうまく使える人は「あの人は得だ」と見られる**はずです。

◇婚約指輪は給料の3カ月分

これはコマーシャルの影響です。何の根拠もありません。

婚約の際に互いに記念品を贈り合うという、どこかの国の習慣を輸入したものです。

ちなみにダイヤモンド・リングでなければならない、なんてこともナシ。

◇家庭を持つと好きなことができなくなる

独身時代とまったく同じ振る舞いはできなくなるのは事実でしょう。しかし、このつぶやきを唱える人たちは、家庭を持つことで得られた数々のすばらしいことに焦点を当てずに、独身時代から比べて変化したことの中の、マイナス点だけに焦点を当てているだけではないでしょうか。

もちろん家族ができると「好き勝手な振る舞い」はできなくなります。しかし家庭を持つことで得られたすばらしいことを喜びながら、「いまの状況に合わせた好きなこと」はいくらでもできるはずです。

◇セミ・リタイア生活はカッコイイ

現在の仕事や生活に充実していない人はそう感じるのでしょう。世間からセミ・リタイア生活と言われるスタイルで生活している人は、フルタイム労働ではなく、限られた時間で最大限の効率を上げる労働をしている人です。それができるのは業種や職種によって可能である面もあれば、多大なる努力をしていることもあります。

そして何よりも、成功事例ばかりが紹介されているのでカッコよく見えるのでしょう。逆に命あるかぎり、現役で働き続けて活躍するのもカッコいいのではないでしょうか？

◇お金がないのはわびしいものだ

お金はあるにこしたことはないでしょう。お金があると不幸を避けることができる確率は上がるそうです。

ただし、なければないでよいこともあるはずです。お金を使わずに楽しむ方法を工夫する。かえってそのほうが純粋な感動があります。お金を支払うことで与えられる感動は次第に鈍ってくるのに対して、自ら創造する感動には限界がないのです。

ちなみに年収が１５００万円を超えると、収入と幸福感との相関性はなくなるそうです（大阪大学の研究による）。

◇物騒な事件が多い今日、幼い子どもは親が守ってやらないといけない

いつも親が付きっ切りで守ることは不可能です。それよりも子どもが自分で身を守る強さと術を身につけるようにトレーニングすることのほうが重要ではないでしょ

うか。

ちなみに、幼児を襲う犯罪者は精神的に自立した（人の目を見てしっかりあいさつできる、など）子どもには手を出しにくいそうです。親がつねに守ろうとする家庭では、子どもの自立がかえって遅れる可能性があります。

◇学歴は高いほうがいい

たしかに、学歴は高いほうが職業や結婚相手などの選択肢は増えます。しかしかえって選択肢が多すぎて迷い、自分がどのような職業に就きたいのか、どのような人と家庭を築いていきたいのかわからなくなる場合もあるようです。もちろん学歴が高いことでさまざまなメリットがあるのは事実です。

しかし、重要なことは自分の職業や生き方など、人生のいろんな局面での方向を自らの意思で決断できることではないでしょうか。

固定観念に気づくためのワークシート2

■経験から決めつけているつぶやき

私たちは自分の経験から、物事を判断することが多いものです。

しかしあなたが何回かの経験をしたことが、果たしてすべてでしょうか？

1回や2回の経験だけで、「これはこういうものだ」と決めつけて「心のつぶやき」にしてしまっていることがあります。

次にあげるものの中で、あなたに当てはまるものはないでしょうか？　当てはまるものがあればチェックをしてみてください。

あなたが「あたりまえ」と思うものはどれでしょうか？

□　他人は自分を裏切るものだ

□　自分は異性から好かれない

□　あの上司は話を聴かない

□ 自分はいじめられるタイプだ
□ 人前に立って話すのは自分には向いていない
□ 今度の試合もすぐに負けてしまうだろう
□ 会社に改善提案を上げても、どうせ無駄だ
□ どうせ妻（夫）は協力してくれない
□ また話し合っても口論になる
□ 自分は運が悪い

■受け止め方を検討してみよう

あなたが「あたりまえ」だと思うものにチェックをしてもらいました。では実際、事実はどうなのでしょうか？　あなたがあたりまえと思っている考え以外にも、次のような考えもあるのです。

◇他人は自分を裏切るものだ

「裏切る」というのは事実ではなく、その人の受け取り方を表現しているものです。

相手の環境や何らかの状況の変化により、あなたにそれを説明せずに離れていったというのが事実かもしれません。あるいはあなたとの関係に見切りをつけ、そのことを告げずに去っていったという解釈もできます。

「裏切った」という言葉で相手を非難したくなる気持ちも理解できますが、人間は真正面から向き合い、話し合う強さを持てないときもあります。そしてあなたにも、相手が正面から向き合えない原因をつくった可能性もないとはいえません。

次回からは互いの変化を見つめながら、できればよい関係を維持していこうとする方向に向けたほうが、建設的ではないでしょうか。

◇自分は異性から好かれない

あなたがいままで、どれだけの経験をしてきたかわかりませんが、現実には、「いま現在までは、異性とここちよいお付き合いをしていない」ということになるのでしょう。つまり過去の出来事であって、これから先もそれが続くとは限りません。「自分は異性から好かれない」というつぶやきには、未来も含まれているので注意しなくてはなりません。

しかし、あなたがファッションやスタイルなど投資をともなって磨きをかけ、いままでの自分から変化することで、未来を変えることができるかもしれません。

そして「異性」に対して意識しすぎていたのを、よい時間が共に過ごせる、信頼できる「関係」を求める意識になることで、いままでとは違うタイプの人と出会うかもしれません。「どうせ私は～」というつぶやきを手放すことからがスタートです。

◇あの上司は話を聴かない

たしかに話を聴かない上司は多いものです。しかし、いままでのパターンではあなたの話を聴かなかったかもしれませんが、「話を聴かせる」こともできるのです。

何の前触れもなく「ちょっとよろしいでしょうか」と話に入っていくと、相手（上司）だって都合（精神的なものも含めて）があったり、あなたの話の内容によっては身構えたりするのかもしれません。そうすると人間は話を最後まで聴けず、中断したくなるものです。

しかし、「話を聴かせる人」であれば、「お忙しいとは思いますが、お時間をいただけますでしょうか」と、最初に必ず相手の都合をたずねて了解をとります。

そして、「報告と相談があるのですが、お聴きいただけるとたいへん助かります」と、自分が話を聴いてほしい旨を伝えます。そして、了解がもらえたら、「できるだけ短時間で伝えようと思いますのでよろしくお願いいたします」と長時間を相手にとらせないよう配慮するとともに、安心感を与えてから話を始めます。

「話を聴かない人」には、「話を聴かせる工夫」をすればいいのです。

◇自分はイジメられるタイプだ

学校でも会社の中でも、不条理なイジメは後を絶ちません。人間は自分がうまくいっていないときには、自分が優位に立てる対象を見つけて、憂さ晴らしをしたくなるようです。その中にはイジメも含まれます。

そしてイジメをする人は、自分ひとりでやるには不安や罪悪感を強く感じるので仲間を集うようになります。

もしあなたがイジメられた経験があるのなら、それはあなたのせいではありません。イジメる人が子どもじみた憂さ晴らしをしているだけです。普通は大人になれば、そのようなやり方で自分の憂さ晴らしをしないようになるものですが、現実は未熟な大人もたくさんいます。あなたが努力してよい仕事をしているにもかかわらず、イジメる人がいるとしたら、職場や会社を変えてしまうのも選択肢のひとつとして考えられます。よい人間関係づくりに努力している、よい会社もあるものです。

◇人前に立って話すのは自分には向いていない

人前で話すときには、どんな人でも緊張するものです。私のように毎日人前で話す仕事をしている人間でも、やはり緊張します。

最初はあがって頭の中が真っ白になったり、手や足が震えたりと、うまく話せる人はいないのではないでしょうか？

しかし、場数を踏むとそれだけ慣れてきます。人前で堂々と話せる人は、人並み以上の場数を踏んできた人です。私から見て、「この人は人前で話すのに向いているなあ」と思う人がいますが、聴いてみるとやはり必ず経験が豊富なのです。

「向いていない」というのはたいがい能力の問題ではなく、いまのところ経験が少ないため、まだコツが掴めていない状態なのです。

◇今度の試合もすぐに負けてしまうだろう

負けてしまったときのショックや悔しさは、スポーツをする人であればだれでも共感するはずです。しかもそれが初戦であれば、受け入れたくないほどの惨めさを感じることでしょう。

そしてその惨めさを味わいたくないがゆえに、試合に出るのを止めてしまう人もいます。そうすれば少なくとも、あのような惨めな思いをしなくてすみます。

しかしそのことは同時に、喜びも失うことになります。スポーツにおいて競い合って勝利するというのは、格別の喜びがあるものです。もしかすると勝てなくても、自分より実力のある相手と対戦し、充分に自分の力を出せたなら、悔やむことはないかもしれません。

「今度も一回戦で負けてしまうだろう」というつぶやきは、勝負にこだわりすぎて、自分の力を出せずに後で惨めな、悔しい思いをしたくないという思いから出ているのではないでしょうか？

それよりも、「負けたとしても自分の力を出し切って、試合自体を楽しもう」というつぶやきに変えることによって、恐怖はなくなりますし、かえっていいゲームができて、勝つ可能性も高まるものです。

◇会社に提案を上げても、どうせムダだ

だいたいは2度ほど提案を上げて却下されると、このようなつぶやきが心にわいてきます。

しかし3度目以降は、また新たな可能性があるはずです。あなたが提出して却下された2度の提案は、取り上げるには難しいところがあったのでしょう。それは内容面なのか金銭面なのか、あるいは人的なものなのかのいずれかです。却下せざるを得なかった理由が必ずあるはずです。

自分の提案を通す人は、失敗の後に必ず原因究明をする人です。それを次回以降の提案に反映させ、採用に近づけていくことを怠りません。不採用の理由を考え、決して改善することなく、だれかの、何かのせいにはしません。

たとえ不採用に終わったとしても回を重ねるごとに、あなたの熱意は伝わります。その熱意も、いつか採用になる可能性を高めるたいせつな要素になります。

◇どうせ妻（夫）は協力してくれない

「どうせ協力してくれない」という場合は、たいてい相手とのコミュニケーションがとれていないケースです。あなたが望む協力は、相手は１００パーセントは満たすことができないかもしれません。それを見て「協力してくれない」というのは飛躍しすぎているような気がします。

80パーセントかなえてくれても、極端に言えば10パーセントだったとしてもも協力してくれたわけです。欠けている部分を見て、減点法で考えると、満たされない思いばかりがわいてきます。

しかし、加点法で考えると違う景色に見えるはずです。そして、「○○してもらえると助かるなあ」と具体的な事柄で協力を求めると、相手もわかりやすく協力しやすいものです。

そして相手にできない理由があれば、「いま○○の状態だから、ちょっと無理だなあ。ごめんね」というコミュニケーションがとれるようになってきます。

つまり、「協力してもらえるコミュニケーションがとれていなかった」のかもしれません。

◇あの人と話し合っても、また口論になる

口論になる場合というのは、一方を、あるいは互いに脅かすような言動をとったときです。弱点や欠点、触れられたくないところを相手からつつかれると、保身のために食って掛かるわけです。

「弱い犬ほどよくほえる」または「攻撃こそが最大の防御なり」ということです。相手をよく観察していると、突くと反応するところが見えてくるはずです。いままでは「その相手の弱点」を意識もせずに、突くことを繰り返していただけなのかもしれません。

相手のよいところを認めようともせずに、弱点や欠点を突くのであれば、だれだって「売り言葉に買い言葉」となるはずです。それはその人との関係だけではなく、あなたの人間関係やコミュニケーションを見なおすよい機会なのかもしれません。

◇自分は運が悪い

人育ての達人と言われた、故・松下幸之助さんの言葉に次のようなものがあります。

「運のいい人は、自分は運がいいと思っとる人や。運の悪い人は、自分は運が悪いと思っとる人や」

まさしくそのとおりかもしれません。逆境が人を追いつめる場合もありますが、同時に得るものが最も多い機会でもあります。逆境が自分に訪れるということは、いままでのやり方や状態ではいけないのだという警告のようなものです。

そしてそのことに気づいて学び、軌道修正する人は成長する人ですし、能力も高まります。その結果当然、運がよいと言われる結果を招きやすくなります。

一方、逆境を人のせいにしたり、環境のせいにしたりする人は、いつまでたっても愚痴るばかりでよい話をもたらしてくれる人も現れません。

まさに「運がいいと思っている人」は、逆境をも自分にとってのポジティブに変えていくつぶやきの人でしょう。

「運が悪い」というのは事実ではなく、その人の受け止め方の世界です。

固定観念に気づくためのワークシート３

■完璧思考からのつぶやき

私たちの日常には予期せぬこと、不都合なこと、不利益なことがたくさん起こります。このときに、私たちはそのことを受け入れられずに、落ちこんだり悩んだりします。

ですから、できることなら予期していること、都合のよいこと、利益になることばかりが起こってほしいものです。その願望はだれでも持つことでしょう。ただし、それはあくまでも願望であって、絶対ではありません。

しかし、いつのまにかそれが絶対的な思いこみになって、「心のつぶやき」になっていることがあります。

そうすると、その絶対からはみ出すものが起こると拒絶反応を起こして落ちこみ悩みます。

次にあげるものの中で、あなたに当てはまるものはないでしょうか？　当てはまるものがあればチェックをしてみてください。

あなたが「あたりまえ」と思うものはどれでしょうか？

□　上司は尊敬できる人でなければならない

□家族は一体感（打てば響くような関係）を持つべきである
□遊園地は晴れの日でないと楽しめない
□常に顧客の期待には応えなくてはならない
□他人の心を傷つけてはならない
□他人から好かれなければならない
□みっともないところを他人に見せるべきではない
□常に前向きであるべきだ
□部下や後輩は自分の指示に従うべきだ
□ストレスなく過ごすべきだ

■受け止め方を検討してみよう

あなたが「あたりまえ」だと思うものにチェックをしていただきました。では実際、事実はどうなのでしょうか？

あなたがあたりまえと思っている考え以外にも、次のような考えもあるのです。

◇上司は尊敬できる人でなければならない

もちろん尊敬できる人物であるには、越したことはないでしょう。しかし、たとえ上司が尊敬できない人物であっても、あなたを妨害しないかぎり、仕事をすることはできるはずです。

また世の中には、尊敬できない上司のもとで働いている人のほうが多いかもしれません。そして「尊敬されるためには」というテーマを嫌でも考えるでしょう。それを自分に当てはめれば、反面教師としてでも確実に役に立つはずです。

「尊敬できない上司のもとでは、仕事なんかまともにできるわけがない」と言うのであれば、現在のうまくいっていない状態を自分以外の何かのせいにしている可能性があります。事実、上司をうまく使って仕事をすすめている人もいるのです。

◇家族は一体感（打てば響くような関係）を持つべきである

家族の関係は「打てば響く、阿吽《あうん》の呼吸」になりたいという人たちがいます。しかし、現実にはそのような家族はないのかもしれません。

「家族は同じでなければならない」という完璧思考が強ければ、自分と相手の違いを受け入れられず、イラだちやすくなります。しかしながら、夫と妻はもともと別の家庭で育ち、個々の文化を持つまったく違う存在です。

そして親子であっても、特に思春期以降においては、子どもは親と違う考え方や生き方に惹かれ、将来の自分を模索し始めます。じつは家族であっても、それぞれはまったく違うものをたくさん持ち合わせている互いなのです。

「違って当然。違いも含めて尊重し、互いを支え合っていく存在が家族である」という視点に立てば、コミュニケーションもより円滑に、しかも深くなるのではないでしょうか。

◇遊園地は晴れの日でないと楽しめない

遊園地などへ出かける予定の日に、残念ではありますが雨が降ることだってあります。

そのようなときに落ちこんだり、不機嫌になったりする人たちはこの完璧思考のつぶやきを持っています。

「なぜ今日に限って雨が降らなくてはいけないんだ。台無しじゃないか」というつぶやきが、その後に続くからです。

しかし、自分たちが遊園地に行くからといって、絶対に晴れないといけないというのは独善的な望みで、かなえられる可能性はせいぜい50パーセントぐらいのはずです。このような独善的願望を持つ人はイラだちやすくなります。

それに対して、「ぜひ晴れてほしかったけれど、雨が降ることだってある。では雨天の今日はどうやって楽しもうか」というつぶやきの人は、「〜に越したことはないけれど、絶対ではない」という、適切な希望を持つ人です。だから、その希望がかなえられなくても、違うつぶやきを見つけられる人なのです。

このときにたいせつなことは、「雨が降って残念だ」という気持ちも受け入れることです。そのうえで違うつぶやきを新たに加えていくことです。

◇常に顧客の期待には応えなくてはならない

仕事をするからには、顧客の期待にはぜひ応えたいものです。しかし残念ながらそうならない、そうできないことだってあるはずです。

「常に期待に応えなければならない」という絶対的思考だと、常に恐れが先に立って緊張状態が続きます。

そして、もし期待通りにならなかったときに、自己嫌悪や非難される恐怖によって仕事や顧客に冷静に向き合うことができなくなります。

「期待に応えるべく、常にベストをつくそう。しかし予期せぬ事態が起こることもあるし、また自分の能力から完全に期待に沿うこともできないことだってある。そのときには顧客に正直に向き合い、直ちに善後策について話し合い完成に近づけよう」

このような完璧思考以外のつぶやきを持っている人は、リラックスしてよい結果を生みやすいものです。

◇他人の心を傷つけてはならない

もちろん、傷つけないにこしたことはありません。だれだって傷つくのはつらいものです。また、あなただって傷つきたくはないから、「他人の心を傷つけてはならない」と考えるのでしょう。

しかし現実には、どのようなことで傷つくのかは、人それぞれ違うものです。あなたがそのつもりがなくても、相手が傷ついていることがあります。その逆にあなたが傷つくことだってあるでしょう。つまり、他人の心を知り尽くすことなどできないわけです。

他人の心を傷つけないように配慮はしながらも、傷つけてしまったときには素直に話し合えばいいわけです。そうすることで、いままでよりも相互理解が深まります。親密になるためにはトラブルを避けて通ることはできません。しかし、それでも相手が去っていくとしたなら、それは、いまはあなたと相手は縁がないのでしょう。

私たちは、「どんな人ともうまくやっていく」というのも無理なのかもしれません。

◇他人から好かれなければならない

好かれるにこしたことはないでしょう。好かれるほうがよい気分でいることができるし、ものごともスムーズに進みます。

しかし、「だれからも好かれなければならない」というのは完璧思考で無理があります。現実にはさしたる理由もなく、嫌われてしまうことだってあるのです。

嫌われることの恐れを過剰に意識していると、言いたいことや、やりたいことができなくなってしまいます。

「好かれるにこしたことはないけれど、残念ながら嫌われることだってありえる」と、ここでもベストは尽くしながらも、あとは自分以外のものにゆだねていくしかありません。

また、目の前の反論のみを意識し、批判されることばかりを恐れている人がいますが、実際には後ろを振り返ると応援してくれて後押ししてくれる人だっているものです。

◇みっともないところを他人に見せるべきではない

まず、「みっともない」ということ自体を整理してみたほうがよいでしょう。なぜならば自分が「みっともない」と思っていることが、他人からすると「みっともなくない」ことが多いものだからです。

たとえば自分に非があり、それを認めることや素直に謝ることが「みっともない」ことだと感じている人がいますが、現実は逆のほうが多いでしょう。

親や先生、上司などの立場の人が、自分の非を認め素直に謝ることで子どもや部下はかえって親しみを持ち、その素直さゆえに信頼し、謝る勇気を評価し、尊敬することになります。

逆に「みっともないところはみせるべきではない」として、自分の非をはぐらかし、他人を押さえつけてコントロールしようとする人ほど「みっともないこと」をしているのかもしれません。

◇常に前向きであるべきだ

常に前向きでありたいものです。いつもポジティブで、エネルギッシュで、イキイキとしたいものです。しかし現実には、私たちはさまざまな人や環境の中で互いに呼応しながら生きています。

ですから、あなたが常に前向きでいようとしても、あなた個人の意識や力ではどうしようもないことだってあるはずです。その中では意欲をなくし、落ちこみ悩み、後ろ向きになることも、当然あってもいいわけです。それが自然な姿とも言えましょう。

しかし、やがてはさまざまな人間関係や環境も変化して、自然に前向きな姿勢と考えを持つことができるようになります。

また、落ちこんでいるときほど、いままでになかったつぶやきを見つけて、心の中につぶやき足すことができるものです。

◇部下や後輩は自分の指示に従うべきだ

この強迫観念を持っている人は、リーダーシップをとるうえでストレスをためやすい人でしょう。逆に、「部下や後輩はそれぞれの立場で意見を持っている。それは自分とは違うこともある」というつぶやきを持っている人は、反論があってもそれを脅威とは感じないでしょう。そのような人は人間信頼をベースとして、よく話し合い協力を得ながら仕事をすすめていきます。

しかし部下や後輩との信頼が築けていない人は、立場から得られる力で制圧しようとしますから反論を許しません。自分の考えや指示に従わない人間が出てくると脅威を感じ、さらに制圧しようとしますからますます信頼されなくなっていきます。「部下や後輩、子どもは自分とは違う考えを持つものだ」というつぶやきは、かえってコミュニケーションを増やすきっかけにもなります。

◇ストレスなく過ごすべきだ

「ストレス」というと、まるで悪いことばかりのように考えられがちですが、私たち人間は、ストレスがないと生きていけない存在でもあるのです。

うまくいかない状況をなんとか乗り越えたときに、達成感や充実感、そして喜びがあります。そのことがまさしく「自分は生きている」という感覚につながります。

逆に、ほどほどよいことばかり続くと人間はある意味で退屈してしまい、これがまた悩みへと変わっていきます。それは「生きている」という感覚が麻痺してしまうからです。

そして「ストレスがたまっているな」と感じたときには、仕事や生活がワンパターンでマンネリになっていることがあります。

そのようなときこそ、いまのやり方や状況を整理してみる機会でもあります。

「ストレスとうまくつき合っていこう」というつぶやきの人は、ストレスをためこむことはありません。

「何でもアリ」が心を強くする

■選択肢はたくさんあります

社会（情報）・経験・完璧思考から、私たちは無数の「つぶやき」を受け取っています。しかしそれらは「絶対的」なものではなく、単なる選択肢にしか過ぎません。「ひとつの出来事」に「つぶやき」はひとつだけしかないのではありません。たったひとつの出来事にも、つぶやきは無数にあってもよいのです。事実、無数にあるはずです。

「雨が降っている」という出来事にも無数のつぶやき（受け止め方）があって、ほんとうは自由に選べるものです。しかし雨が降っていて終始不快な思いをしている人は、無数にあるつぶやきの中から、ネガティブなつぶやきだけを選んで胸に刻みこんでいる人なのです。

たしかに、その人にとっては雨が降ってほしくはなかったのでしょう。しかし、実際には私たちが思っているように世の中はまわってはくれません。予期せぬこと、不都合なことがたくさん起こるものです。

それはそれとして受け入れていくしかないのです。「雨が降ってほしくはなかったけれど、降ってしまったものはしかたがない」と心の中でつぶやくことで、違う選択肢が見えてくるはずです。

■雨の日のディズニーランド

家族４人でディズニーランドに行ったときのことです。関西在住のわが家の場合、関西から飛行機に乗って一泊するとなると、それなりの覚悟（出費、労力など）は必要です。子どもたちも楽しみにしていたのですが、その日に限って雨空の一日でした。ゲートが開くのを、レインコートを着て４人で待っているときは、正直ガッカリ感がありました。

やがてゲートが開いて閉館の時間まですごしたのですが、帰るときにはまったくガッカリ感は失せ、逆に「雨でよかった」とさえ思えたのです。ディズニーランドと言えばアトラクションのほかに、一日に数回実施されるパレードが楽しいものです。

私たち家族は知らなかったのですが、雨の日のパレードは「雨の日でしか見られないパレード」があるのです（天候にもよるようですが）。ディズニーキャラクターやキャストが、とってもオシャレなレインコートや傘で踊って盛り上げてくれます。

私は知りませんでした。ミッキーマウスがレインコートを持っていたとは！　その華やかさとかわいらしさに、私たち家族は大満足しました。その日ディズニーランドをあとにするときには、「雨の日に来れてよかった」と思えたほどです。

そして関西の自宅に帰ってから妻と「今回はディズニーランドからいいことを教えてもらったね」という会話になったのです。

私たちは知らぬ間に心の中で、

「雨が降ったら楽しめない」

「せっかく遠くから来たのにどうして晴れないのだろう」

「テーマパークや遊園地ときたらやっぱり天気がよくなくちゃ」

「ガッカリだ」

「最低だ」

……というつぶやきがあったのでしょう。

しかし今回の経験から、「雨なら雨の日の楽しみ方がある」。そして「楽しむための工夫はいくらでもできる」ということを教わりました。

それ以降、わが家は遊園地やテーマパーク、キャンプに出かけるときに雨空でも、ちっともガッカリしなくなりました。

そうです。ほんとうは「何でもアリ」なのです。

幸せな人は、幸せを「選んだ」人

■あなたはどのつぶやきを選ぶか?

出来事や状況に対する「つぶやき（受け止め方）」は無数にあって、どれでも自由に選べます。

いまから数年前のことですが、日本有数のサーキットで働く全スタッフを対象とした講演会の依頼を受け、栃木県までうかがったことがあります。そのサーキットは宇都宮駅からタクシーで1時間半ほどの距離にあります。

駅に到着し、すぐにタクシーに乗りこみ行く先を運転手に告げました。「あいよ！」という威勢のいい返事が返ってきたので、ふと乗務員カードに目をやると70歳代ぐらいのベテランの運転手さんでした。

車が駅から出発してしばらくすると、私の額には汗がにじんできました。そのときは八月の初旬、ニュースではこの夏いちばんの暑さになるとの予報でしたが、なんとタクシーの車内にはエアコンが効いておらず、窓が半分ずつ開いているだけでした。

おそらく年配の運転手さんなので、一日中エアコンの効いている車内で仕事をしていると体調が悪くなるのかもしれないと考え、がまんしていました。しかし、あまりにも汗が流れてくるようになり、エアコンを入れてもらえるように申し出ようと思ったそのとき、運転手さんに先に話しかけられました。

「いやー、お客さん。夏のこの盛りに、汗をかいて暑さを感じられるのは豊かなもんですなー」

その私の中にはなかった「つぶやき」に驚きながらも、思わずその言葉を繰り返してしまいました。

「いやー、ほんとに豊かなものですねー」

そのときに、私の中のつぶやきが変わったのを感じました。

それまでは汗をかいて不快を感じていたのですが、

「気持ちよく講演会場には向かうべきだ」、「タクシーの中では涼しく快適であるべきだ」、「お客であるからにはエアコンを効かせてもらうのがあたりまえだ」、「汗でシャツが濡れてはいけない」……などなど、不快を感じるつぶやきが私の中にあったのでしょう。

しかし運転手さんの言葉を繰り返してからは、

「そうか、それもいいな」

「季節を楽しむのもひとつだ」

「シャツならかばんの中に着替えがたくさん入っている」

「講演前に着替えて、パリッとして出ていったほうが気持ちがいいかもしれないな」

「何よりも、いまこの時間を楽しんでみよう」

という、つぶやきが心の中に出てきたのです。

そして運転手さんにそのことを話すと、ずいぶん喜んでもらえて、そのあともさまざまな話題で話は盛り上がりました。

さすがに人生の大先輩で、運転手さんはいろいろな体験があったそうです。その中でも思い出になっていることは、突然の予期せぬこと、逆境などだそうです。

その話の終わりには、「人生いろいろある。でも出来事や逆境が人を不幸に陥れるのではなく、それをどうとらえ、次に生かしていくのかということだ」という結論で意気投合したのです。

そうなのでしょう。「幸せな人は、人生の出来事に対する無数の解釈の中から、幸せなものを選んだ人」です。

［第3章］

心に刷り込まれたメッセージ

あなたの思考パターンをチェックしよう

■自分・他人への基本的な構え

あなたは自分自身に対して、あるいは周囲の人に対して、どのような思いを持っているのでしょうか。

次にあげる４つのパターンは「基本的な構え」といって、自分自身と他人に対する思いです。大まかでいいので、あなたがどのパターンにあてはまるかを見つめてみてください。

■４つの思考パターン

①　私はＯＫでない。他人はＯＫである

これは劣等感に悩んだり、憂うつになったりしやすい人が取る構えです。

この構えを取る人は、自己卑下の気持ちや消極的な態度のために、自分をＯＫであると自認する人たちと共にいることが苦痛になり、なかなか親密な関係を結ぶことができません。そこで、親しくなるのを回避して孤立し、憂うつになったり後悔したりすることが少なくありません。

他の行動パターンとしては、他人の中の不快な感情（例：イライラ、怒り）を挑発することによって、自分がＯＫでないことを相手に確認させることがあります。「憎まれっ子」的な存在がこの例です。

また、このほかに自分の安心感を求める手段として、権威的で支配的な人を求めて生きる人もあります。頼りになる人を見つけ、その人の指示通りに動き、終始従順な態度で忠誠を尽くすものです。

② 私はＯＫである。他人はＯＫでない

これは支配的で疑い深い人が取る構えです。

この構えの著しい特色は、自分の肌に合わぬものを排除しようとする傾向です。長い間つき合った友人でも、自分に親身に尽くしてくれた部下でも、自分の利益に役立たないと見るや、平気で捨てる冷たいところがあります。

子どもや友人や部下たちは、すべて自分の思うように動くはずだという、全能者のような考えを持っているからです。また、相手がＯＫでないとみなして、押しつけがましい援助の手を差しのべる人もあります。

日常生活では、自分の子どもや妻（または夫）を無知だとあざ笑ったり、親密な間柄の客や同僚の欠点をことさら取り上げたりする人に、この構えが見られます。自分の内面を見ることを拒否し、都合の悪いことが起こるとすぐに相手のせいにしたり、責任をよそに転嫁したりする傾向があります。

③　私はＯＫでない。他人もＯＫでない

これは、「人生は無価値なもので何もよいことがない」と感じる絶望的・虚無的な構えです。

この構えを取る人は、他人が与えようとする愛情や注目を拒否し、自分のカラに閉じこもって、他人と交流するのをやめてしまいます。

人生のごく早期に親子の間で形成されるべき基本的な信頼感に、大きな欠陥ができてしまったために、その影響が後の人生にまで尾を引いており、根深い不信感や空虚感としてあらわれたり、よい人間関係を破壊したりするのです。

この構えを取る人の中には、愛を求める欲求がとくに強いために、相手が自分を引き続き愛してくれているかどうかを、いつも確かめておかないと安心していられない人がいます。しかし、まだ正しく人を愛するすべを身につけていないので、かえって相手の拒絶を招くようなことばかりしてしまうのです。

④　私はＯＫである。他人もＯＫである

この構えで生きる人は、人間どうしとしての共感に支えられた、血の通った交流を行うことができます。

この理想的な構えに基づく人間関係は、親密で直接的で、互いに相手に対して純粋な配慮をおこなう関係と言えます。利己的な考えに基づいて、自分の利益のために他人を支配したり利用したりするような人間関係ではありません。また、見せかけの仮面を維持するために、多大のエネルギーを費やして演出するようなこともありません。

しかし、実際問題として、私たちは、親たちから理想的な愛情としつけを受けて、この構えを身につけて成人することは、困難と言ってもいいでしょう。したがって、これは個人がさまざまな方法で自己を訓練することによって、よりよく、より早く勝ち取ることができる性質のものなのです。

いかがでしたか？　あなたがなぜか前向きになれずに落ちこんだり、悩んだり、あるいは身近な人との関係がうまくいかないのは、1～4のような構えが知らず知らずのうちに、そうさせているのかもしれません。あなたは理屈では「前向きになろう」「自信を持って強くいよう」とは思っていても、理屈よりも深いつぶやきがこのようにあるのかもしれません。

人生の脚本があなたをつくっている

■2種類のつぶやきがあります

先ほどは4つの基本的な構えを紹介しました。しかし、これらあなたの基本的な構えは、もちろん生まれたときから備わっていたわけではありません。人間は誕生してから周囲の人たちに支えられ、たくさん関わってもらうことで、体も心も大きく成長します。

そして、その関わりの中にはあなた自身の栄養になるものもたくさんありますし、残念ながら苦しめてしまう「つぶやき」になってしまうものもあります。

あなたの栄養になるものとしては、さまざまな関わりをつうじて次のようなことを与えてくれます。

【ＯＫである】

安心感がある。愛されている。いい人間だ。生きている価値がある。正しい。強い。楽しい。美しい。できる。役に立つ。優れている。やればうまくいく。自己を表現しているなど。

逆にあなたを苦しめる「つぶやき」になるものもやはり、さまざまな関わりをつうじて次のようなことを与えています。

これらのメッセージは私たちの毎日の生活の中で、取り囲んでくれている周囲の人たちとの関わりで受け取っているものです。

【ＯＫでない】

安心できない。愛されるに値しない。みにくい。弱い。子どもっぽい。無知である。

意地が悪い。できない。バカである。のろまである。失敗する。何をやってもダメ。劣る。自己を表現していないなど。

あなたの自分に対する思いや、他人に対する思いは、このような関わりの歴史、つまり「人生の脚本」によって築き上げられてきたものです。

与えられた禁止令を守っていませんか？

■親から与えられたつぶやき

「三つ子の魂、百まで」という言葉があります。その信憑性はさておき、あなたの人生の脚本に大きな影響を与えた人には、まず養育者（お父さん・お母さん）があげられます。あなたにいちばん早く出会い、いちばんたくさんの時間を過ごしてきた人だからです。

その関わりの中で、あたたかいメッセージをたくさん受け取っています。無条件でやさしく抱きしめられ続け、

「I Love You, Because You Are You」

つまり、「あなたのことが大好き、愛しているよ。なぜならば、あなたがあなた自身だからだよ」

というメッセージをたくさん受け取ることで、「私はＯＫである」のシナリオの源になり、同時にそのように愛情深く接してくれる両親を代表として「他人もＯＫである」につながっていきます。

しかし、そのような理想的な関わりばかりではありません。親が未熟だったり、生活や気持ちにゆとりがなかったりして、つい感情的になり、子どもに必要以上の厳しいしつけや冷たい関わりをしていることも多いものです。

そのような、後にあなたを苦しめるつぶやきの源になるものを「禁止令」と呼んでいます。

■あなたを苦しめる10の禁止令

つぎに10の禁止令をあげました。あなたの脚本において思い当たるものがあればチェックしてみてください。

① 私は邪魔だ
「あっちへ行ってなさい」「口出しをするな」「うるさい」「邪魔なのよ」という言葉や態度によって受けるつぶやき

② 私は男性として（女性として）愛されない
「ブサイクねえ」「○○ちゃんはかわいいのに」「美人だったら得なのに」「結局美男子しかモテないのよ」という言葉や態度によって受けるつぶやき

③ 私はグズだ
「のろいねえ」「さっさとしなさい」「どうして早くできないんだ」という言葉や態度によって受けるつぶやき

④ 私はうまくやれない
「何をやらせてもダメだなあ」「ムリムリ」「できっこないよ」という言葉や態度によって受けるつぶやき

⑤　私はひとりではできない

「お母さんがしてあげるから」「勝手にやるな」「大丈夫なの？」という言葉や態度によって受けるつぶやき

⑥　私は好きなことをしてはいけない

「相談してからにしなさい」「そんなに甘いもんじゃないよ」「よく考えなさい」「言うとおりにしていればいいのよ」という言葉や態度によって受けるつぶやき

⑦　私はそんなにたいせつな存在ではない

無視する、話しかけない、スキンシップがないなどの態度によって受けるつぶやき

⑧　私は生活を明るく楽しんではいけない

冗談や笑顔が少ない家庭。「いいことばかりじゃないぞ」「いい気になるな」という言葉や態度によって受けるつぶやき

⑨　他人のことを信用してはいけない
親戚や知人など、身近な人の悪口や陰口をよく言う。本人の前では全く違う態度をとる

⑩　私は元気ではない
「あなたは弱いんだから」「暗いねえ」「どうしてもっと元気にふるまえないんだろうね」という言葉や態度によって受けるつぶやき

愛されたいから期待に応えてきた

■愛されたいから期待に応えてきた

「人間は愛されないと生きていけない存在である」と言われます。たとえば、赤ちゃんは食べるものや飲むものだけを与えられていれば成長するのかというと、じつは**スキンシップや言葉かけなどの関わりがないと、生きていけない**そうです。

あなただってそうです。本能で愛されることの必要性を感じていたあなたは、親に好かれるために、認められるために、あるいは家庭の中でなんとかうまくやっていく

ために順応してきたはずです。

そして親から発せられるメッセージが先ほどあげたような禁止令であっても、生きていくためには従順に受け取るしかなかったわけです。「愛されるためには期待に応えることがいちばん」、これは子どもも大人も感じるようです。

しかし家族や、身近な人間関係の中で、期待に応えようと禁止令を受け取り続けていくと、あなたを苦しめるようなつぶやきが、どんどん蓄積されていくことになります。

■禁止令をとくことはできる

では、その蓄積されてしまったつぶやきに、どのように対処していけばいいのでしょうか。心理学では、85パーセントの人たちはそのつぶやきから解放されるとしています。

それは、「人生の脚本を書き換えていく」ということです。もちろん、消しゴムでサッと消して書き換えるようなことはできません。時間をかけて書きこまれたものは、やはり時間はかかりますが少しずつ書き換えていくこともできるのです。

愛によって禁止令がとける

■愛の定義

ここでちょっと一息ついて、「愛の定義」について考えてみましょう。愛というのは抽象的で、その定義は人の数だけあるものかもしれません。

心理学の中で、精神分析という分野がありますが、その定義では「**愛とは、相手のために、相手本位に時間を与えることである**」としています。ちょっとむずかしいでしょうか？

たとえば、子どもがつらいことがあって、そのことをお母さんに打ち明けたときに、お母さんが口を挟まずに優しい表情でうなずきながら充分に話を聴いてくれると、子どもは愛情を感じます。会社の人間関係においても、同じことが言えるのではないでしょうか。上司が自分本位に命令や指示を与えるのではなく、たとえ時間がかかっても部下に考えさせる時間をとり、成長を見守ることができるなら、そこには愛を感じます。落ちこんで泣いているときに、恋人が何も言わずにただ背中をさすってくれるのも、愛を感じさせてくれるでしょう。言い換えてみると、「徹底的に相手本位の時間」を提供してくれる人から、私たちは愛を感じているようです。これはなかなかわかりやすくて、応用がきく定義だと思います。

■愛を貯金しよう

じつはこの愛の定義は、「人生脚本の書き換え」に使えるわけです。あなたを苦しめるつぶやきがあるのだとしたら、それはあなた本意の時間が与えられず、相手がイライラや憂さ晴らしのために、相手本位のメッセージを禁止令として降り注いできたからかもしれません。

ではどうすればいいのかというと、「あなた本意の時間を取り戻す」ことにあります。

具体的にはあなたの脚本を書き換えてくれるような、ポジティブなメッセージをたくさん受け取ることです。

ポジティブなメッセージが人生の脚本を換える

◇ポジティブなメッセージ

あなたの人生の脚本を書き換えてくれるような、ポジティブな・メッセージとはどのようなものでしょうか?

まず、人から人へ送るメッセージには言葉によるものと、言葉以外のものとがあります。

◇言葉のポジティブなメッセージ

ありがとう、たすかった、おつかれさま、楽しい、すてき、たいせつ、大好き、愛している、おいしい、ごちそうさま、など。

◇言葉以外のポジティブなメッセージ

抱きしめる、なぜる、キスする、微笑む、うなずく、話を聴く、握手をする、など。

ポジティブなメッセージを受け取る方法

■ポジティブなメッセージを充分受けられるのは

ポジティブなメッセージは誰にとってもここちよく、「私はＯＫ、他人もＯＫ」の基本的な構えを持つためには欠かすことのできないメッセージです。しかし、このようなポジティブなメッセージを無条件で与え続けられることは稀有なことです。

親が愛情深い人で、精神的にもゆとりがあり、無条件の愛情を子どもに与え続けるたいせつさを熟知していたとしても難しいのではないでしょうか。しかも家庭から一歩外に出ると、学力や運動能力、容姿などで他人と比較され、これとは逆のマイナス・メッセージをたくさん受け取ることになります。

■あなたからポジティブなメッセージを発信しよう

では、誰があなたにポジティブなメッセージを与えてくれるというのでしょうか？それは「あなた自身」にほかなりません。しかし、自分で自分に直接ポジティブなメッセージを与えることではありません。

「あなたから、身近な人に与える」ということです。「他人は、自分自身の鏡である」という言葉があります。あなたが身近な人に対してポジティブなメッセージを与えることによって、相手は励まされたり、暖かい気持ちになったり、笑顔が引き出されるでしょう。それを見た**あなたは同時に、自分自身が励まされ暖かい気持ちになります。**

あるいは相手もあなたの接し方と同じように、あなたにポジティブなメッセージを返してくるかもしれません。

「与えることとは失うことではない。与えることは満たされることである」ということです。自分から与えることで、はじめて愛情があなたの心に貯金されていくのです。

愛の貯金をする5つのキーワード

■私はOK、あなたもOKをめざして

具体的にはどのようにすれば愛情が貯金できて、「私はOK、あなたもOK」の基本的な構えに近づいていけるのでしょうか?

次の5つの鍵はそれを具現化していくために有効な方法です。

①　与えるべきメッセージがあれば、それを相手に与えること

これはメッセージの出し惜しみをしないということです。家族や職場の人たちにも明るい声と笑顔で「おはよう」「いってらっしゃい」「おかえり」「お疲れさま」などと、自分から発信してみることです。

料理をつくってくれた妻やお母さんにも「ごちそうさま、おいしかった」というポジティブなメッセージを言葉と言葉以外（笑顔など）のものをつうじて、たくさん与えるように意識して実践することです。ポジティブなメッセージを与えられた相手もＯＫ、与えたあなたもＯＫの意味になるわけです。

②　ほしいメッセージがあれば、それを相手に求めること

相手に求めることは、はしたないことではありません。それは素直になることです。美容院へ行ってお気に入りのヘアスタイルになったのであれば、素直に伝えてポジティブなメッセージを求めることです。

「ねえ、美容院へ行ってきたの。自分ではなかなかのお気に入りに仕上がってると思うんだけど、どう？」。こういうふうに素直に求められると、「ああ、なかなかいいん

じゃない」と答えやすいものです。

間違っても「気づいてる？　わからないの?!　サイテー！」というように、相手を引っかけてマイナス・メッセージを引き出すことはやめておきましょう。

そのほかにも、「～してくれるとうれしい」という表現をつかうことです。「～ぐらいしてくれてもいいでしょ」と言われると、相手はかえってしたくなくなります。しかし、「～してくれるとうれしい」と言われると、あなたにそれをしてあげたくなるものです。してあげて喜ばれた相手もＯＫ、してもらってうれしかったあなたもＯＫです。

③　ほしいメッセージが来たら、それを素直に受け取ること

謙虚なのと、自分を値引きするのとは違います。相手がせっかく「ステキだね」と言ってくれたのに、「いえいえ、私なんか～」というのは謙虚なのではなく、自分を値引きしているのです。このようにあなたが言うと、相手もポジティブなメッセージを言いにくくなってしまいます。「あの人にポジティブなメッセージを伝えても、やけに恐縮するから言わないでおこう」と考えるようになります。

相手からポジティブなメッセージが来たら、「ありがとう！　そう言われるとうれしい。そう言ってくれるからもっとがんばろうって気持ちになれるわ」。これが謙虚であって、しかも相手をよい気分にさせるコミュニケーションです。ポジティブなメッセージをもらったあなたはＯＫ、贈った相手もＯＫです。

④　ほしくないメッセージが来たら、素直に断ること

相手から非難や否定、侮辱、からかいなど、ほしくないマイナス・メッセージを投げつけられることがあります。そのときにあなたはどうするでしょうか？　怒りをがまんしてのみこみますか？　それとも怒りを直接相手にぶつけますか？

しかしどちらもあなたの心に、マイナス・メッセージを沈殿させることになります。ガマンしてのみこんだあなたはＮＯＴ　ＯＫ、あなたが怒りをぶつけた相手もＮＯＴ　ＯＫになります。

ではどうすればよいのかというと、あなたの気持ちを素直に表現して、そのメッセージを受け取らないようにすることです。「○○されると不安になるのです」「○○と言われると苦しい気持ちになります」のように、マイナス・メッセージを受けたと

きの不安・心配・悲しい・さみしい・苦しいなどの素直な気持ちを伝えることで、相手が理解してくれると、あなたが信じた相手もＯＫ、のみこまなかったあなたもＯＫです。

⑤　ポジティブなメッセージが不足したら、自分で自分に与えること

私たちはさまざまな人間関係をもっていますが、いつでもポジティブなメッセージがやってくるとはかぎりません。

親密な関係の中で受け取ることができればいいのですが、そのような時間が持てずに不足することがあります。そのようなときには自分で自分にポジティブなメッセージを与えることです。

それはたとえば、仕事や生活の中でささいなことでも自分ができたことを思い出して、ポジティブな部分に焦点を当てることです。

落ちこみグセがはげしい人は、ついつい自分のできなかったことやマイナスの部分に焦点を当てがちです。どんな人でもできること、できないこと。よいところ、そうではないところがあるものです。

ポジティブな思考のできる人は、自分のできたこと、よいところに意識して焦点を当てているものです。

自分のポジティブに意識して焦点を当てて、「私は大丈夫」とつぶやくことでポジティブなメッセージを与えてください。

そのほかには、鏡を見てほほえむことをクセにすると、自分に対するイメージが上がると心理学では言われています。

自分を好きな人は強い人

■自分のことが好きですか？

「あなたは自分のことが好きですか？」

あなたはどう答えるでしょうか？「自分が嫌いです」と言う人は、つらい状況なのでしょうね。

人間は生きていく中で、食べ物や物質・お金が豊かにあれば幸せというものではありません。人という存在が生きていく中で、最もたいせつにすることは自尊心なのかもしれません。

自尊心とは、「自分のことをたいせつで重要な尊い存在である」と感じることです。最もつらいことは、「自分はたいせつでも重要な存在でもない」と感じていることではないでしょうか？

つまり自尊心が持てない状態です。この自尊心が持てていない状態では、「なんとかなる」「やればきっとできる」などのポジティブなつぶやきを見つけることがなかなかできません。

■自分はひとりでもやっていける

自尊心を持っている人は少々のつらい出来事や状況が起こっても、やがては混乱から脱して安定した行動をとり、解決に向かっていけます。自尊心を持っている人は同時に自分を信頼しているからです。

「自分は大丈夫、ひとりでもやっていける」というこの感覚を「自己信頼感」と言いますが、心の強さには欠かすことのできない感覚です。

逆に自尊心からくる自己信頼感を持てないと混乱し怯え、常に周囲の言動や状況の変化に振り回され、解決のための積極的な行動がとれずに悩みこんでしまいます。

悩みを最終的に解決してくれるのは、あなたの行動なのです。じつは前向きな行動をとっていくために心を変化させる必要があるのです。

あなたのほんのささいな行動変化でも、周囲の人や状況を変えていきます。この少しずつの行動変化があなたや周囲に影響を与え、悩みや問題を解決させていきます。

さて、その行動の源になる「自尊心」「自己信頼感」をあなたはいま感じていますか？

自分をあきらめることだって大切

■自己嫌悪感

自尊心や自己信頼感が持てない人の中には、自分に対するハードルが高い人がいます。つまり「こうあらねばならない」「こうあるべきである」という、自分自身に完璧を強いている人です。もちろんこれは親（養育者）を中心とする周囲の人たちから突きつけられたものかもしれません。

自尊心や自己信頼感の逆は「自己嫌悪感」です。自己嫌悪は「現実の自分」と「理想の自分」とのギャップが大きいときに感じます。つまり、自分に課した「理想」があまりに高いと自己嫌悪になるわけです。そしていまの「ありのままの自分」を許し、受け入れることができなくなります。

■みんな未熟

残念ながら、私たち人間は超未熟の状態で生まれてきます。その超未熟な赤ん坊は親に守られ、育てられ、それ以外にも多くの人に出会い、教えられ、また自分でもさまざまなことを体験・経験し、少しずつ成長し「あなた」という一個の人間性の完成に、ゆっくり向かっていきます。

そして、もしあなたが80歳まで時間を与えられた人生を送ったとしても、「あなた」という人間性を完成できるかどうかはわかりません。実際には、一個としての人間性を完成する「自己実現」をする人はほんの一握りかも知れません。

だから、あなたがもし20歳代や30歳代、40歳代だとしたら完璧であるなんて、とんでもない話でしょう。人間はみな欠点や弱点、いかがわしいところ、不純なところだらけで未完成の状態なのです。

■自分のダメなところを認め、受け入れる

そこでたいせつなことは、自分のダメなところ（もっとも、あなたがそう思っているだけかもしれませんが）を認め、受け入れることです。これは少々きつくてつらいことかもしれませんが、しょうがないのです。

「仕事の処理が同僚に比べて遅い」↓しょうがないのです。

「口下手でコミュニケーションが苦手」↓しょうがないのです。

「男性に人気のあるモテる友人より容姿では明らかに負けている」↓しょうがないのです。

「自分より素敵な人を見ると嫉妬心から腹立たしい」↓しょうがないのです。

「さみしさや不安を感じると感情的になって身近な人にかみついてしまう」↓しょうがないのです。

■「あなた自身」には決してあきらめないで

ここで言う「あきらめる」とは、未熟な弱い自分の一部を認めるということです。

「明らかに認める」という意味もあるのです。

そして、そこから目をそらさずに向き合い、学び、行動して乗り越え成長することです。

たとえば、仕事が終わってからでも専門学校やスクールに通ったり、内面を磨くためにカウンセリングなども学んでみる。

男性でも女性でもステキな人は自分の未熟で弱いところにはあきらめ、認めながらも、「自分自身」には決してあきらめずに学び、行動し、少しずつでも成長している人です。

なげいているばかりでは解決できないことを知っているのです。**始めることはどんなことからでもいいのです。**

私が担当している心理学ゼミの生徒さんで現在は医療関係の仕事でイキイキと活躍されている女性がいらっしゃいます。

彼女はゼミに来たときはOLさんとして勤めていたのですが、カウンセリング心理学を学ぶうちにもっと自分を活かしてイキイキと仕事をし、人生を楽しもうと決意されました。

その結果当時の仕事を退職し、貯金をはたいて4年間の専門学校の課程に入学し熱心に学んだ結果、みごと国家試験にパスして新たな自分の人生をつくっています。

結婚をひかえているにもかかわらず、彼女のとった決心と行動は自分の人生をたいせつに考えたことを証明しています。

あなたが、許せないで、いままで認めることができなかった「部分」には、**時間をかけながらもあきらめていくことが必要**ではないでしょうか?

つまりそれを受け入れるということです。しかし、少しずつでも行動し、乗り越えて行く。

「あなた自身」には決してあきらめないでください。

自分を信じる人は他人と未来を信じる

■人生は登山のようなもの

自分を信じること。これを自己信頼感と言いますが、これを持っている人は同時に世の中で起こる出来事の理不尽さも知っている人です。つまり何が起こるかわからないし、自分にとってありがたくないことが起こることもまた覚悟しています。

しかし、自分の周りで起こる出来事に一喜一憂するのではなく、じっくりと周囲を観察し、ゆっくりと自分のするべきことを考え、ぼちぼちと歩きだしていきます。まるで登山のようなものかもしれません。

僕はアルピニストの野口健さんの大ファンなのですが野口さんは山と親しむことについて次のような表現されていました。

「山に登るということは地球の息吹を感じることであり、同時にこの大自然界の中での自分を知ることでもあります。登りはじめのころは希望に満ちて、頂に臨んだときの爽快な気分を期待しているのです。しかし頂を目指すプロセスの中ではさまざまな大自然の洗礼を受けるのです。風の強いときは足を踏み外す危険があるので身をかがめ、慎重に歩を進めます。雪嵐の時には何日もじっと待ち、これまでの道のりを回想しこの山のことをあらためて知ろうとする。そして、この雪嵐が止んだらどのように歩を進めるのかを考える。でも僕ひとりではないのです。仲間たちとも話し合い、意見を対立させ、また協力を誓いながら明日の一歩をふみだしていく。自分たちを信じて、そして希望を捨てずにやがて来る晴れの時を信じて準備する。じつはこの時こそがたいせつなのです。これは人生と同じだと思うのです」

たしかにそうなのかもしれません。私たちが生きる中では不測のことがたくさん起こるでしょう。都合のいいことばかり起こってくれません。その中で**いままでを振り返り内省し、これからできることを考え準備し行動する。**そして完璧ではなくてもそうやって少しずつでも成長していける自分を信じ、周囲の人たちに働きかける。そうしてまた不測の未来に希望を見つけていくのでしょう。

つまりはアイデンティティ

■あなたは何者か?

アイデンティティという言葉がよく使われるようになりました。日本語に訳すると「身分証明」あるいは「自己証明」ということになります。つまり「あなたは何者?」という問いを満たすことです。

自分という存在がわからない、周囲の人からどう認識されているかわからない。自分に何ができるのか?　一個の存在として社会にどう影響しているのかわからない。そんな中で自己信頼感は持てないでしょう。さて、あなたは何者ですか?

■自尊心を伴った自己の認識

自分を証明する、確認するものとしては次のようなことが参考になるでしょう。性別・国籍・出身地・氏名・年齢・家族・仕事・友人・趣味・宗教・それ以外の活動などです。その意味では欧米などを中心とする諸外国の人たちは強いアイデンティティを持つ人が多いと言えるでしょう。愛国心を強く持つことが当然という価値観があり、個人主義的な考えが社会や家庭の基本にあることも影響しています。そしてアイデンティティを獲得し、意識することで自尊心（プライド・自分を尊重する気持ち）につながっていきます。自分が所属するところがあり、仲間や家族がいて、いごこちのよい居場所があり、愛され、役割があり、存在や能力を十分に評価されている。

ですから**アイデンティティというのは、自尊心をともなった自己の認識**と言えるかもしれません。アイデンティティの獲得（自尊心をともなった自己認識の獲得）によって、私たちは自分を確認し、自己愛（自分に対するあたたかい気持ち）を持ち、自尊心を持って人や社会にかかわり、また自分と同様に人や社会をたいせつにします。心おだやかに、そして愛情深くイキイキと生きていく上で不可欠な要素でしょう。

アイデンティティを獲得する

アイデンティティは一度獲得したからといって一生それが維持できるわけではありません。

■アイデンティティ・クライシス

たとえば学生のときに獲得したアイデンティティは、やがて社会に出ていくときには切り替えていかねばなりません。いままでの友人と別れ、経験したことのない職業というものに就き、そこで新たな人たちと出会い、役割を担い、居場所を確保していかなければなりません。

子育て中のお母さんは「わが子を守り、育てると」いう、たいせつな役割があるときは自尊心を持ち、大変ながらもアイデンティティを獲得している状態です。しかし子どもがある程度成長し、自立すると精神的にも親からどんどん離れていきます。ここでお母さんは、いままでの大きな役割を通じたアイデンティティを喪失します。この状態を「アイデンティティ・クライシス」と言います。

定年退職を迎えた男性はいままでの「管理職」「部長」「取締役」という社会的な大

きな役割を終え、仲間や居場所、役割を一旦失います。つまりアイデンティティ・クライシスの状態にあるわけです。このときに仕事一筋でいままで来た人はこれから何をすればいいのかわからず、社会との接点も失っている状態なので、自尊心を持てないで落ちこみ、沈んでしまいます。

■新たなアイデンティティを獲得していく

このアイデンティティ・クライシスは、だれでも一生を通じて何回も経験するものなのです。しかしそこから、またあらたな人たちと出会い、役割を担い、仲間と居場所を見つけます。そして認められ愛され、次のアイデンティティを獲得して、また自尊心を取り戻してイキイキと生きていくのです。

この**「新たなアイデンティティ」を獲得するには「役割を担い、周囲の人や社会に役立つ」ことが必要**になります。なぜなら自尊心は、あなたを取り囲む人たちの影響が強く関わってくるからです。

■自己有用感

あなたがとる何らかの行動によって、身近な人たちが喜び、また助かります。それにより、あなたに感謝の気持ちを示したり認め高く評価したりすることで、あなたの心の中に「自己有用感」が積もっていきます。

自己有用感とは「自分は役に立つ、たいせつな存在である」という感情のことです。この感情なしには自尊心が持てることはないでしょう。

では、この自己有用感を感じるためにはどうすればいいのでしょうか？　それはあなたのアイデンティティを形成しているひとつの「役割」を見つけることです。

それは最初から重要で大きな役割ではなくてもいいのです。ささいな、小さな役割でもいい。あなたが、いまできる事でいいのです。それを通じて身近な人たちの役に立ち、その人たちの笑顔をあなたの胸の中に積み重ねていけばいいのです。

人間関係は鏡

■あなたができる小さな役割

あなたがすることのできる小さな役割は、あなたの胸の中に、周囲の人の笑顔と同時に自己愛を与えてくれます。

電車の中で席を譲る、荷物を持って手伝う、会社では笑顔で気持ちよくちゃんとあいさつする、だれかが悩んでいたらやさしく話を聴いてみる、仕事で周囲の人のサポートをする……。できることは何でもあるはずです。

逆に、小さなことに目を向けず、周囲の人のサポートもせず、愛情を贈ることなく愛情を受け取ることはないでしょう。

しかし、あなたはひとりで生きているわけではないのです。多くの人たちと出会い、ふれあい、助け助けられ、共存しているのです。周囲の人や環境を通じてつねに「自分」という存在を感じているのです。

あなたのふるまいは、周囲の人に確実に影響を与えています。そして、あなたも周囲の人たちの影響を受け取り、少しずつでも自分を好きになっていきます。そしてどんどん好きになっていく。

あなたはこの世の中で唯一の存在です。もともと、自分を含めて出会っていく身近な人を幸せにするために生まれてきたのかもしれません。もともと、たいせつな存在だったのではないでしょうか。

［第4章］

望む人生を手に入れる方法

どんな未来を描いていますか?

■あなたの未来のストーリーは?

あなたは自分の未来をどんなストーリーに描いていますか? 楽しくて明るい、希望に満ちた「成功のストーリー」ですか? それともちょっと「悲しいストーリー」ですか?

私たちの人生は、自分の持つイメージのとおりに設計され、物事もそのとおりに運んでいきます。

つまり、いまのあなたがそこにいるのは、あなたがそうイメージしたからなのです。

なぜか恋人と最終的にはうまくいかなくなる。仕事に意欲がわかず、イキイキとした気持ちが持てない。自分に自信が持てず、この先どうしたらいいかわからない。

悲しい状態にある人は、深層心理の中で、悲しいストーリーをつくっているものです。

では、そのような人たちがどういう状態にあるかを、具体的に見てみましょう。

Aさんは32歳で外資系企業に勤める女性です。仕事はまずまず充実しているようですが、彼女の悩みはいままで恋愛が長続きせず、ここ1年半ぐらいは恋人もできないようでした。結婚して家庭を持つ友人たちが多くなってくる中、現在のさみしさと、将来に対する不安と、そこから来る**焦りから暗い気持ちに沈みがちで、そこから何とか抜け出せないものか**と、カウンセリングに来られたクライアントです。

Bさんは29歳男性。機械関係のメーカーに勤めるビジネスマンです。現在の仕事や収入にとくに不満があるわけではないようですが、熱意を持ってイキイキと仕事をしているのではなく、どこかマンネリ感を持っているようでした。「このままでいいのか？　いまのままで充実した人生ということができるのか？」自分に対する問いかけに力強い答えを見つけることができずに、ますます**自己嫌悪に陥る日々をなんとか過去に送りやり、希望を持てない明日を憂いている**状態のクライアントでした。

Cさんは社会人6年目の25歳。短大を卒業後、食品会社のOLとして入社。仕事もテキパキとこなし、社内では後輩からもしたわれる立場になってきました。ある程度まとまった休みを取ることも雰囲気的に許され、友達と海外旅行に行くのが楽しみでした。しかし最近では冷静に考える時間が少しずつ増え、将来のことを考えるとまるで霧がかかったように未来の自分の姿が見えないのだと悩んでいました。「何かを変えていきたい」そうは思いながらも親元から離れて一人暮らしをする経済的な負担や、転職をして**大きく環境を変えるリスクを考えると動けなくなり、また動きが取れない自分にイラだち、悲しい気分になっている**ようでした。

D君は20歳の大学生です。就職活動も本格的に始めなければならない時期にきているのですが、なぜかやる気が出ないとのことでした。いったい自分が何をしたいのか、どんな職業に就きたいのかわからず、そう考えているとついには「なぜ働かないといけないのか。いまの時代、組織に勤めても将来の保証もなく、何になるというのか？」と**思考はマイナスに拡大していき、すべてに対する意欲が削がれて落ちこんでいる様子**でした。

悲しいストーリーは自分でつくっていた

■悩んでいる人たちの共通点

前述の人たちの悩みは、特別のものではなく、だれもが持ちうる悩みでしょう。カウンセリングルームではこのような悩みが最近増えてきているのです。

みんな、「変わりたいけど、変われない」もどかしさと、そんないまの自分に対する嫌悪感、そしてこの先どうすればいいのかわからない不安感を持っているようです。

さてそこで、あなたはこれらの悩んでいる人たちの共通点がわかりましたか？　じつは共通点はみんな「自分がイメージしている自分になっちゃった」ということです。

「そんなばかな！　だれが好き好んで悩んだり、不幸な気分になる自分を望むっていうんですか!?」

そんな反論が聴こえてきそうですが、これは事実なのです。

「自分がいまの自分になるように想っていた」、あるいは少し付け加えるとしたら「充実して、イキイキしている自分をイメージしなかった」ということなのです。多くの人の場合はむしろこの「充実して、イキイキしている自分をイメージしなかった」ケースのほうが当てはまるのかもしれません。

たまたま縁のあった会社に入って、与えられる仕事をこなして、自分で思い描く展望も特になく、自分は将来どうなっていくのかを漠然と眺め不安を持っている状態です。「充実して、イキイキしている自分のイメージ」とは、あなたの人生や仕事にとっての「航海図」です。航海図を持たない航海は難破する可能性が高いことは言うまでもないでしょう。

仕事に意欲を燃やし、充実した毎日を送っている人は、以前から「イキイキと仕事に取り組む自分」を強くイメージしてきています。自分の本当にやりたいことを見つけて、楽しんで人生を過ごしている人たちは「最高の笑顔で楽しむ自分」を強くイメージしてきた人たちです。

ステキな恋愛をする人や、素晴らしい家庭を築いている人は「好きな人と出会って、お互いに尊重しながらゆったりとした時間を過ごしている自分」「幸せな家族に囲まれて笑っている自分」をありありとイメージしてきた人なのです。

もちろん、このような人たちも簡単によい結果を、何の苦労や努力もなしに手に入れたわけではありません。

しかし、人生は1回や2回は「棚からぼた餅」的なラッキーもあるかもしれませんが、それが一生続くことは、まずありえません。

充実や幸福を手に入れる人たちは、「ただのラッキーな人たち」ではなく、不都合なことや予期せぬ不幸、不利益なことが起こったとしても「充実や幸福のイメージ」を自分の心に焼きつけてきた人たちなのです。

イメージが現実化するワケ

■イメージは現実化する

「イメージは現実化する」。マーフィー博士や成功哲学を研究する学者が唱えてきた考え方です。「えー？　そんなに都合よくいかないでしょう」という声が聴こえてきそうですが客観的・論理的にも証明できる、いくつかの事実があるのです。

たとえば、最近のお年よりは若々しいと思いませんか？　私が子どものころは、70歳代のおじいちゃんやおばあちゃんは、すごく「おじいちゃん・おばあちゃん」でした。もう「お年寄り」という感じです。ところがいまはどうでしょうか？　70歳代の方でもオシャレだし、海外旅行には出かけるし、勉強やスポーツを始める人もいます。

この30年間で15歳は若返っているのではないでしょうか？　これはまさにマーフィー博士らが言うところの「イメージは現実化する」ではないでしょうか？　70歳代でも「若くイキイキ楽しむことがあたりまえ」だというイメージがそうさせるのです。

■夢をかなえた人はすべてイメージしていた

サッカー界ではJリーグの発足後、サッカー人気がどんどん熱を上げてきました。その中で、日本代表選手になったメンバーのほとんどは、小学校の卒業文集で「サッカーの日本代表選手になる！」という決意を書いています。

イチローや松井もプロ野球選手になって活躍している自分をありありと思い浮かべ、少年時代をすごしてきました。ベストセラーを出すような作家は、駆け出しのころから「売れっ子作家」になっている自分をイメージして書いていたそうです。

夢を実現してきた人の共通点

■潜在意識は現実と想像の区別がつかない

前述の夢を叶えた人たちの共通点は、「心底、そうなる自分を想い描いてきた」ことなのです。これは「もし、そうなれたらいいなあ」ではなく、「完全にそうなっている」自分をイメージしてきたことです。

これは深層心理学でいうと、潜在意識（無意識）は現実と想像の違いを区別することができないため、強く・深く思いこむと、たとえそれが想像の世界であっても、やがて現実になってしまうというものです。

なぜなら、「もし、そうなれたらいいなあ」ということは「でもきっと、そうはなれないだろうな」ということを意味し、潜在意識はそれを現実化してしまうからです。

つまり、ステキな恋愛をする人は、ステキな人と出会って自分が輝いている状態をありありと、まるでそうなったかのようにイメージしているので「それが、あたりまえ」になっているのです。だから、あたりまえのように魅力的な笑顔が出て、あたりまえのように最大限に自分の魅力を引き出す装いに関心がいき、あたりまえのようにそういう自分にふさわしい異性を見つける嗅覚も敏感になってきます。

しかし、意識で「もし、そうなれたらいいなあ」という人は、「自分にはそんないいこと、きっとないよな」と潜在意識では想っているため、表情にも自信がなく暗いイメージを周囲に与え、装いにもあまり気を配らず、「きっとうまくいかない自分」

に見合った「うまくいかない相手」を探し、それで「これでいいんだ」と心理的には
どこかで、妙に落ち着いてしまうのです。
いまのあなたは、「あなたが潜在意識でイメージした自分」に見合った現実なのです。

あなたの「成功ストーリー」を脚本する

■明るい、成功のストーリーを描く

どうすれば、悲しいストーリーから抜け出せるのでしょうか？　それには、「暗く、悲しいストーリーを描いてはいけない」ではなく、明日から先の自分の未来に「明るい、成功のストーリー」を脚本してみることがいちばんいいのです。

なぜなら、「暗く考えてはならない！」と思えば思うほど、「暗さ」が潜在意識に残るからです。潜在意識はそれが現実なのか、想いなのかは判断できません。だから、**あなたが演出した明るい、成功ストーリーで潜在意識を、それがあたかも現実であるかのように思いこませてしまうこと**です。

■幸せオーラは自己イメージのたまもの

ステキな恋愛がしたい人は、優しい笑顔で笑っている自分をイメージしてみてください。男性であれば、女性を包みこむようなカッコいい笑顔がいいかもしれません。イメージするのが難しい人は、自分があこがれる女優・俳優をモデルにすればいいのです。似合う装いで魅力を引き出し、だれよりも自分が輝いているイメージです。映画やテレビで見る女優・俳優は俗に言う「オーラ」というのが感じられますが、これは「自己イメージ」のたまものです。

よい自己イメージを持っている人は、自信が感じられ、表情のつくり方や話し方、歩き方さえも魅力的になってくるはずです。

幸せな結婚をしたい人は、自分が理想とする結婚生活をイメージしてみてください。このときにたいせつなことは、自分が育った家庭が幸せな家庭であった場合はモデルが見つかりやすいのですが、そうでなかった場合には自分でイメージをつくる必要があります。

なぜなら、あなたの深層心理の中では「うまくいかない家庭が〝あたりまえ〟」になっている可能性が高いからです。

互いに尊重しながら、二人で幸せを積み上げていくことです。ケンカをしながらもいたわりあい、素直に心を伝え合える関係です。

安心感と信頼感が二人にはあり、夫婦であると共に最高のパートナーとなるでしょう。

仕事でイキイキと成功したい人は、具体的な仕事内容までイメージできなくてもいいのです。

イキイキとした表情で、テキパキと仕事をこなしているあなたをイメージしてください。

仕事は苦痛ではなく、楽しみになっています。だから朝起きるのもつらくはなく、早く目覚めて朝食を摂り、エネルギーが上がった状態でゆっくりと職場に向かいます。仕事への向き合い方をイメージすればよいのです。

望む未来の日記をつける

■1カ月後、1年後、3年後の「ある一日」の日記

ではここで、明るい「成功ストーリー」をつくるための試みをご紹介しましょう。

これは「未来日記」というやり方です。

あなたの1カ月後、1年後、3年後の「ある一日」を想像します。そして、それがあたかも実際にあったかのように日記を書いてみるというものです。

例：1カ月後の日記

今日は朝から気分よく目覚めた。朝食を摂り、いつもより少し早めに家を出て会社に向かう。とくに昨日と何の違いもないが、自分で気持ちを切り替えて一日を送ってみることにした。

同じ人生であるなら、楽しんで何事にも取り組んでみようと決心した。たとえそれが「フリ」であったとしても、**まずは表情と行動だけは前向きなものにしていこう**。つまらなさそうに暗い顔をしていてもいいことがあるわけはないし、他人に迷惑なだけである。

上司とはまた今日も意見が対立した。上司の自己保身にはイラだつ。しかし、彼なりにもその立場から守らなければならないこともあるのだろう。人間とはみんな弱点があるものだ。そういう上司もうまく使って仕事をすすめていくようにしようと心がけることで、イラだちはおさまっていく。どこの組織でも似たものであろう。要は自分次第である。少なくとも自分はよい仕事を完成することに全力を尽くそう。誠実に仕事をすすめていくことで、それが自己信頼感に変わっていく。今日一日の仕事ではそれが実行できたと思う。

今日は清々しい気分でビールがやけにうまかった。

例：1年後の日記

今日は辞令が下り、またひとつ背負う責任が増えた。人事の結果には満足している。この1年間、顧客本位で仕事に取り組んできた成果であろう。青臭い正義感だけで突進するのではなく、上司をうまく取りこんで仕事を進めることにも慣れてきたようだ。

周囲からは「やわらかく、しかも強いエネルギーを感じる」とよく言われるようになった。それはまさしく、**自分自身がいつも目標として描いている自己イメージ**である。いよいよそのイメージが板についてきたのかもしれない。仕事はきわめて順調と言える。誠実に熱意を持ってすすめていくと、こんなにも多くのサポーターが出てきてくれるものなのだ。

最近ではプライベートも充実している。人間はひとつのことで自信が得られると、ほかのことに関してもそれが大きく影響する。友人と食事をしていても前向きな話題が多くなり、その空間と時間を心から楽しめる。自分はこれからもますますよくなっていく。

例：3年後の日記

仕事にも収入にもたいへん満足している。この3年間さまざまなことがあったが、あきらめることなく、腐ることなく前を向いてやってこられた。

誠実・正直・積極性、しかし他人を批判しない姿勢によるものだと自負している。近頃、取引先や知人からぜひ会社に迎えて共に仕事をやっていきたいと声をかけられることが多くなった。これも仕事本位でやってきた成果なのであろう。うれしいことであるし、近い将来それが実現するかもしれない。所属する会社がどこであろうと、積極的によい仕事をつうじて社会によい影響を与え続けていくことである。

また、家族と共に過ごす時間も充実している。素直に気持ちを伝え合うことが豊かな関係とあたたかい空気を運んできてくれる。互いに不満を感じることがあっても意地を張らずに向き合うことができる。

いつも信頼し合えるし、愛情を共有できる。

これからも自分はますますよくなっていく。

あなたの未来日記をつけてみよう

あなたの1カ月後、1年後、3年後の日記を書いてみよう

■ポイントは少しずつ

前述のように「あなたの未来日記」はとてつもなく大きな、すごいことを無理にイメージして書く必要などはありません。

無理をしてもあなたの潜在意識は「そんなの無理に決まっているじゃない」と言うはずです。

ポイントは「少しずつ、でもきっと毎日私はあらゆる面でよくなっていく」というイメージを描き、実際にあったかのように書いてみることです。ばからしいなどと思わずに、書いてみてください。

1カ月後（　　年　　月　　日ごろ　　曜日）
1年後（　　年　　月　　日ごろ　　曜日）
3年後（　　年　　月　　日ごろ　　曜日）

アファメーションは未来の自分をつくる

■自分に宣言することでイメージを書き換える

あなたの持つイメージは、確実にあなたをその方向に導いてくれます。しかし、ここでたいせつなことは、顕在意識（意識）で思いこむのではなく、潜在意識（無意識）までもが思いこむことができるかが、鍵になります。なぜなら、先ほども触れましたが、あなたのイメージが「それがあたりまえ」のレベルになるのは、潜在意識までもが思いこんでいる状態だからです。

しかし、いままで潜在意識に書きこまれていた「マイナス」のイメージを書き換えていくには少々時間がかかるかもしれません。それはあなたが生まれていままでの長い時間の中で、親や学校の先生、友人や出会ってきた人たち、あなたが経験してきたことや、さまざまな情報によって刷りこまれてきたイメージだからです。

この「イメージの書き換え」に使われる、効果的な方法として「アファメーション（自己宣言法）」というものがあります。自己宣言法とは、「自分はこうなる」と自分に宣言することです。自己宣言法でたいせつなポイントは、

① ありありとイメージする
② くり返しイメージを自分に言いきかせる
③ 声に出して自分の耳でも聴き、現実味を感じる、ということです。

3つのポイントでアファメーション

■① ありありとイメージする

ここで最も効果的なのは、ビジュアライズ（映像化）するということです。なぜな

らビジュアルが最も情報量が多いので、潜在意識に強く影響できるからです。

なりたいあなたの表情や姿勢、態度や行動、そして「あなたが幸せになっている状態」を最初はぼんやりとでもいいのです、慣れてくると、よりはっきりと映像で見ることができるようになります。

もし、ビジュアライズ（映像化）することが難しい場合は、「そうなっているとき」の感覚や感情をイメージしてみてもいいのです。

また、それでも難しい場合は、言葉でつくってみてもかまいません。


「僕はますます輝いていく」

「私はますます美しくなっていく」

「私の人生は毎日充実している」

「好きな仕事でイキイキと楽しんでいる」

「尊敬するステキな人と生活を楽しんでいる」

……など、あなたが望む状態を表現してみてください。

■② くり返し、イメージを自分に言い聴かせる

あなたがいままで、悲しいストーリーを持ち続けてきたとしたら、それは何度もくり返し、刷りこまれてきたはずです。

だから、なりたいあなたのイメージに書き換えていくためには、やはりくり返し潜在意識に送る必要があります。何度も何度もくり返し、「そうなってあたりまえ」になる必要があるからです。

そうかと言って、あまりシンドイ無理はやめましょう。強迫観念になってしまっては逆効果です。

できれば1日に2回、寝る前と起きてすぐに5回くり返しイメージしてください。体の力を抜きリラックスして、静かな時間をつくってやってみてください。朝晩あわせても5分ほどでできるはずです。そうです。たった5分で変わっていけるのです。

■③ 声に出して自分の耳でも聴き、現実味を感じる

声を出してくり返すことによって、さらに自分の耳でも、それをもう一度聴くことになります。

声に出すことによって、自分で聴くことによって、現実味を感じやすくし、強く潜在意識にはたらきかけることができます。

あるいは、文字や絵で書いてみることも現実味を感じさせる有効な方法ですから試してみてください。

■まずは1週間つづけよう

この3つのポイントを、1日2回、それぞれ5回ずつ実行してみてください。

まずはがんばって1週間続けてみてください。忘れてやらないことがあってもかまいません。

長くコツコツと「自己イメージ」をつくっていくことがたいせつなので、まずは1週間続けて、また次の1週間と気楽に延ばしていってください。

もしあなたが「輝いている、イキイキしている」「自分」が「あたりまえ」になるレベルまで潜在意識が徐々にでも思いこむことができると、それにふさわしい表情・態度・姿勢が身につき、服装を選ぶ目も変わり、自分がワクワクできるような仕事内容に自然と興味がわくようになり、行動するようになるでしょう。

だってそれが「あたりまえ」なのですから、イメージのとおりに必ず近づいていくはずです。

幸せになる決意をする

■変化はストレスになる

さて、ここまで読んでいただいても「そうは言っても、でもねえ」という人には、もうひとつ提案があります。それは「幸せになることを決意する」ことです。

じつは**「変化する」ということが人間にはストレスになる**のです。それは「不幸な自分から脱出して、幸せになるほうがいい」つまり、「変わったほうがいい」と意識では思っていたとしても、いままでの自分のままでいたほうが、ストレスが少ないのです。

■「できない」はない

カウンセリングでは基本的に「できない」「変われない」という事実はないと考えます。

それは「できない」のではなく、「あなたがやろうとしない」のです。「変われない」のではなく、「変わろうとしない」のです。

この「やろうとしない」「変わろうとしない」理由は、たとえいまの状態が不満足なものであったとしても、変わらないほうがストレスは少なくてすむことを知っているからです。

「変化する」ということは「いままでの自分を手放す」ということです。いままで、地味な服ばかり着ていた人が、友人からのアドバイスをもらって、華やかな服装にチャレンジするとします。

しかし自分では、「変わったほうがいい」と思っていても、そこには大きな不安があるでしょう。なぜなら「華やかな自分」を演じたことがないからです。そうすると、「変わったほうがいいとは思っていても、やっぱりいままでどおりの自分を演じ続ける」人のほうが多いのです。

不幸な人は、ただ単に不運なだけではなく、「幸せになる決断」をしてこなかった人かもしれません。だから心の中でつぶやくのでしょう。「どうせ世の中なんて」「どうせ私なんて」「そうは言っても、そんなに都合よくいかないよ」。

これらは幸せになる決断をした人の口からは、決して聴くことのない言葉です。あなたを幸せにできるのは「ラッキーな仕事」でも「絶世の美女」でも「白馬に乗った王子様」でもありません。

幸運・不運でもなく、それは、**あなた自身の「幸せになる決断」**です。そして小さな行動があなたを変えていくのです。

第5章

疲れない人間関係をつくる

気まずい空気をつくる人がやりがちなこと

■誰もあなたの言うことを気にしていない

コミュニケーションに疲れを感じてしまう人は、軽い対人恐怖症であることがほとんどです。このような人の特徴は、相手に話しかける前から疑心暗鬼になっていることです。

・いま話しかけると迷惑かもしれない
・厚かましいヤツだと思われるかもしれない
・変なことを言うヤツだと思われるかもしれない
・好感を持たれる言葉で話しかけないと……

と、頭の中は〝変に思われないように〟〝嫌われないように〟という思いで一杯一杯なのです。

しかし実際は、あなたが思っているほど誰もあなたのことを気にしていません！ 完全に自意識過剰なのです。まったくの疑心暗鬼です。

■話さなければどんどん気まずくなる

気まずい関係ができるのは、大変な出来事があったからではありません。その出来事の後に会話が減るからできるのです。

話さないと人間関係の溝はどんどん深くなります。さらに疑心暗鬼になり、不安や恐怖を増幅させ、ストレスをため込んでいきます。この悪循環は、コミュニケーション環境が改善されないかぎり続きます。

特にあなたが一緒にいて疲れる人、その中でも怖くて苦手な人にはこの傾向が強いはずです。

疑心暗鬼でいると、

❶怖いから話さなくなる
❷「自分のことを嫌っているのではないか」と疑心暗鬼になる
❸怖い想像が膨らんで話せなくなる

❹ 近づきたくなくなる

という図式で溝ができるのです。

たとえば、クラブ活動を辞めた子どもに、言葉をかけるのを躊躇していたら、気がつくと不良グループに入っていたという親子関係の溝。夫婦ゲンカをしてしばらく朝の挨拶をせずにいたら、話さなくなったという夫婦関係の溝。

会社に「成果主義」を色濃く反映させたことにより、個人主義的な風土になり離職率が高まったという会社の人間関係の溝。

これらはすべて会話不足によるものです。

「話しても怖い」「話さなくても怖い。でも話さないともっと怖くなる」のであれば、疑心暗鬼になる前に、相手に玉砕覚悟で突っ込んで接してみるほうが精神衛生上、まだいいと言えます。

■「気軽さ」からはじまる「ひと言」

ただし、高いレベルのコミュニケーションをたくさんとれ、ということではありません。「私は口下手で……」という人も安心してください。

コミュニケーションを円滑にとっている人たちの共通点は、「すぐ話しかけている」ことです。相手が何をしている最中でも、まったく気にせずに話しかけています。

そして、このような人たちはシャレた会話などしていません。めちゃくちゃおもしろいジョークを飛ばして相手を抱腹絶倒させ、絶賛されているわけでもありません。ただ「気軽なひと言をかけている」だけです。

たとえば、交流会やパーティーに参加して誰も知りあいがいない場合でも、「こういう場所で知り合いがいないと緊張しますよね」など、感じているままを表現して話しかけています。それは相手も同じく感じていることですから、共感を呼ぶのです。

あるいは同僚が仕事でアタフタしているときなどには「手伝いが必要ならひと言声をかけてね」と伝えることで、相手の心が少し温かくなり冷静さを取り戻すことにつながるでしょう。

話しかけたとき相手がとり込み中であれば、「ごめん、ごめん。じゃあまたあとで」と言って、その場を離れます。すると、手の空いた相手が逆にやって来て、「さっきは何だったの？」と会話が始まるわけです。

「気軽なひと言」だから、相手だって気軽に話を返してくれます。そこから「気軽な会話」へと入って、だんだんと親しくなっていくのです。

吉田兼好が徒然草で唱えている「もの言わざるは、腹ふくるるわざなり」の通り、「話をしなければ、どんどん腹（胸）の中に言いたいことをため込んで、心にも体によろしくない」ということです。特に沈黙は、恐ろしい時間となるはずです。

まずは、「たったひと言」でいいので、相手にかまわずに声をかけてみることです。

そこから、へたくそな会話でいいので話をつないでいくようにするだけで、りっぱな「親しい会話」になるはずです。

そして、あなたが気になっていること、聞きたかったけれど聞き逃していたことなどを会話に入れていくだけでいいのです。

■雑談はくだらないおしゃべりではない

「カーネギー・ホール」を建てた、鉄鋼王アンドリュー・カーネギーは、実業家として大成功を収めました。莫大な財産を築き、後に慈善家として活動した人でもあります。

彼の墓標には「自分より賢きものを近づける術知りたる者、ここに眠る」とあります。

自分の偉大さを示すのではなく、「周りにいた能力のある人、すばらしい人の協力があったからこそ、人生は豊かだったのだ」という、彼の人生において出会った人たちを称賛する言葉を墓標にしているのです。

彼の名言の一つに、「雑談を嫌うな」というシンプルなメッセージがあります。彼のいう雑談は「くだらないおしゃべり」のことではありません。

雑談とは「朝の挨拶を明るく交わし、相手の家族の様子を聴いてあげ、疑問があれば尋ねて、相手の意見に耳を傾け、自分の考えを丁寧に伝える」ということなのです。対人恐怖にならず、朝の挨拶を明るく交わし、ごく簡単な会話のやりとりを継続すれば疑心暗鬼にはなりません。そして、心を開いた相手に協力を呼びかければ、自分のサポーターがどんどん増えていくわけです。

カーネギーに限らず、成功者の共通点は、並外れた才能を生まれ持っていたことではなく、協力者がとても多かったということです。そして、すべての成功者が実行していたことは、**レベルの高い流暢なコミュニケーションではなく、素朴な「ひと言」の積み重ね**だったのです。

「ひと言」を言う勇気を持つ

■疲れる関係ができあがるとき

生きていると、相手に対して意地を張ってしまい「ひと言」が言えなくなり、ちょっとしたことで人間関係がこじれて疲れてしまうことがあります。

たとえば、夫婦喧嘩をした翌朝、険悪な空気が朝の食卓に流れていたとします。それでもどちらからともなく、「おはよう」のひと言が出れば、昨夜の決着がつかなくても険悪な空気は終息していきます。「おはよう」のひと言が言えない夫婦は、険悪な空気のまま、何日か、何週間かを過ごすことになります。それは互いにくだらない意地を張っているからです。

おそらくは心の中で、「くそー、俺は悪くないぞ。間違っているのはあいつなんだから。あやまってなんかやるものか。機嫌とって挨拶なんかしてやるものかと思っているはずです。「負けてなんかやるものか」という、子どもじみた勝負をしているわけです。

誰にでも自分を正当化したいという思いはあるものです。それは当然のことかもしれません。「自分にも非があった」と認めるのは、プライドが傷つきます。

しかし、そのちっぽけなプライドを守るために意地を張って、家庭や職場の空気を険悪なものにするのであれば、考え直してみる必要があります。相手もイヤな空気を吸い続けるのはつらいでしょうし、あなた自身も同じ空気を吸い続けることになるわけです。

そもそも、意地を張って勝負に出ても、何の意味もありません。仮に勝ったとしても、自分の幼稚さにどこかで嫌気がさすはずです。相手との関係がよくなるはずもありません。大人の対応をした相手からすると、子どもじみたあなたを冷めた目で見ているかもしれません。

人間関係において、勝負に出て勝利して幸せになることはありません。勝てば勝つごとに、人が離れて行って孤独になるばかりです。ちっぽけなプライドを守るために、相手を攻撃したとしても、収穫など何もないわけです。

■大切なのはテクニックより「素直さ」

企業のリーダークラスの人たちは、会社から用意されたコミュニケーションに関する研修会に参加し、2、3日間のトレーニングを受けて現場に戻ります。

そしていざ、学んできたコーチングやカウンセリングのテクニックを部下や後輩に使ってみるのですが……。

失礼かもしれませんが、彼らは見事にスベッています！

「ぎこちない」「わざとらしい」「慣れていない」などの理由も考えられるのですが、部下や後輩からすると、ただひと言「信じられない」のです。研修から帰ってきたある日突然、いままでさんざん意地を張り続けてきた人が、話し合おうなんて言うことを部下は信じられないわけです。

それは、「うまく動かしてやろう」という魂胆が見え見えだからです。

コミュニケーションに関して、心理学の理論や手法を学ぶ人が急激に増えています。

しかし、かえってコミュニケーションが下手になっている人のほうが多いような印象を受けます。それは、自分に少しでも非があれば、「ごめんね」と言える素直さが欠けているからではないでしょうか。そして、相手が未熟な部下・後輩であっても、「ありがとう」と言える感謝の気持ちが欠けているからではないでしょうか。

「ありがとう」「ごめんね」と言える素直な心がなければ、理論もテクニックも通用はしません。

あなたがもし人間関係で困っているのなら、それは相手のせいばかりではないのかもしれません。自分を正当化するために、そしてちっぽけなプライドを守るために、**意地を張り優位に立とうとしていないか、自分を確かめてみる必要がある**でしょう。

自分も相手も疲れない気持ちの伝え方

■独りよがりな考えは誰にも理解されない

「素直でなければ、人間関係はうまくいかない」と述べましたが、素直とはいったいどのような気持ちや状態なのでしょうか。

まず、そのことがわからない人のほうが多いはずです。

たとえば、あなたから見てまだ知識・技術とも未熟な後輩がいるとします。彼に仕事を依頼しましたが、案の定あなたが期待をした結果が出ませんでした。彼は同じような内容の仕事を、いままでに幾度か経験しているはずです。

イライラしたあなたは、「何度やったらできるようになるんだ！　やる気はあるのか！」と思わず叫んでしまいます。

後輩は黙ってうつむいたままです。あなたに叱られたことにショックを受けているのか、反省しているのか、受け流しているだけなのか、固まったまま動きません。

その様子にあなたはさらにイラだち、「ボーっとするな！　わかってんのかよ！」と声を荒げてしまいました。そのあとは何とも言えない空気が職場に漂い、他のメンバーとあなた自身の間に後味の悪い思いが残ってしまいました。

さて、このときのあなたの素直な気持ちは何だったのでしょう。

❶自分の思うように仕事ができない後輩がムカツク
❷成果を上げないと、自分の評価が下がるかもしれないという不安
❸くり返し指導をする時間的・精神的余裕がない焦り

❹他のメンバーに迷惑がかかるかもしれないという心配
❺いいチームワークで高い成果を出せる職場にするという、理想に近づかないことに対する焦り

もしかすると、❶～❺までの全部が、あなたの正直な気持ちかもしれませんね。
❶の気持ちは、イライラした感情を後輩にぶつけ、攻撃することによって、憂さ晴らしをしています。
❷の気持ちは、あなたの保身です。そんなとき、あなたのために「がんばろう」という人はまずいません。
もしこれら、❶❷の気持ちがあなたの腹の底にあるのなら、ただちに直したほうがいいでしょう。いくら素直な気持ちだからと言って、❶や❷の気持ちをそのまま伝えても、相手と関係がよくなることはありません。

これは職場の人間関係だけではなく、家族との関係や、それ以外のプライベートの関係もすべて含めて言えることです。

「感情の憂さ晴らし」「保身（メンツのため）」などが腹の底にあるとしたなら、必ず

それはあなたから漏れ出し、悪臭を放つことでしょう。その悪臭は当然、相手の鼻をつくことになります。尊敬も信頼も得ることができない上司・先輩は、悪臭を放っています。「イヤーな臭い」がするのです。

■目的・目標がわかる「相手本位」の伝え方にする

❸〜❺は素直な気持ちの中でも、個人的な感情の発散でもなければ、保身でもありません。

職場や他のメンバーに対する影響にまつわる、「相手本位」「仕事本位」の本音です。次のように相手をフォローするのであれば、誰でも理解できて納得も得られます。

❸「くり返し教えてあげられる余裕がなくて、申し訳なかったね。今回のことを活かして、ぜひ次回からはこの仕事を完璧に終わらせてね」

❹「知っての通り、少人数で目標達成しなければならない状況だから、君にも大きな戦力になってほしい。他のメンバーの負担を少しでも減らして、皆が活躍できるようにしたいんだ」

❺「いいチームワークで最高の仕事を創っていきたいんだ。まだまだ不慣れかもしれないけれど、もちろん君もその大切なメンバーの一人だ。期待しているから、頼んだよ」

そして、こういうフォローも考えられるでしょう。

❻「わからなければいつでも質問してね。そうじゃないと、君が困ることになるからね。そのかわりメモをしっかりとって、一回でマスターしてね」

少し照れくさくて、こそばゆい感じがしますか。

でもこの、❸～❻があなたの正直な気持ちであれば伝えるべきでしょう。

「そんなに長々とは言えない」という声も聞こえてきそうですが、カーネギーの言葉「雑談を嫌うな」を思い出してください。

あなたが、

・何を感じているのか
・何を心配しているのか
・何を目指そうとしているのか

・相手をどのように見ているのか

これらを伝えないかぎりは、どれだけ怒鳴りつけても何の変化も期待できないでしょう。

しかもその内容は、仕事本位で公平で、相手を尊重していなければ納得は得られません。

しかし、このような会話をしたからといって、完全に問題が解決するわけではなく、そのあとも、何度でも話さなければならないこともあります。

さきほどの、松下幸之助の言葉を思い出してください。

「ええか、何回も何回も同じことを言うんやで。何回も何回もやで。何回も何回も同じことを言うんや……」

相手のＤＮＡに刻み込むような気持ちを持って伝えるのです。

「感情的な人」と自分が傷つかずに接する方法

■感情的な言葉で攻撃されたら……

さて、次に問題になるのが、相手があなたに自分本位の感情的な言葉をぶつけてきたときにはどう対処するのかということです。

たとえば、

①「おい、いつまで一つの仕事にかかってるんだよ！　ダラダラ仕事をするな」

②「このままの成績では、来期の君の居場所がここにはなくなるかもしれないと心配しているんだよ」

など、明らかにイライラの感情の発散や、「君のため」と言いながらも自己保身から発せられる言葉への対処方法を考えてみましょう。

このような攻撃や自己保身から出てくる言葉をまともに受けると誰でも傷つきます。

しかし、ここで腹を立てたり、落ち込んだりしてしまうと、「やっぱり自分はダメなんだ」という、私はＯＫではないというスタンスに陥ってしまいます。あるいは「あの人は自分本位なずるい人だ」という相手はＯＫではないスタンスを固めてしまいます。

これらのＯＫではないというスタンスは、落ち込みとイラだちという、いずれにしてもあなたを苦しめる結果になります。

そこで、こんな返事もしてはどうでしょうか。

①「テクニカルなトラブルで時間を要してしまいました。予定より遅れて申し訳ありません。最短で仕上げるように努力します」

②「ご心配いただきありがとうございます。来期の成果を達成できるように精一杯努めます。そこでなのですが、成果を上げられるようなトレーニングを受けさせていただけないでしょうか」

というように、詫びながらもあなたに言いたいことがあるなら主張することです。あるいは、相手に感謝し自分の非を認めつつ、自分が成長するための援助を正当にお願いしてみることです。

これらの言動には、あなたと相手に対して「ＯＫである」あるいは、「ＯＫになるために」というスタンスが背景にありますから、落ち込みやイラだちの感情からあなた自身を守ることができます。

それでも、「自分本位の言葉」をぶつけてくる人は後を絶ちませんが、「私はＯＫである」というスタンスを保ち言動することによって、相手に謝るにしても、感謝するにしても、また提案や自己主張をするにしても、**あなたも相手も傷つけないコミュニケーションが可能**になります。

誰とでもいい関係をつくる大切なポイント

■観察すると心を開くキー・ポイントが見える

コミュニケーションの意識を自分本位から相手本位に切り替えると、「丁寧に伝え」「慎重に聴き」「確認をとる」ことになり、お互いの関係が大きく改善されます。

相手を観察する機会が大幅に増え、いままでは見えなかった、相手の心を開くキー・ポイントが見えてくるようになるのです。

相手本位という意識ですから、

・いつ話しかけると、一番集中して聞いてくれるか

・どのような表情やしぐさで聞けば、相手が話しやすいか
・どんなことを言われたら嫌がるのか
・どんなことを言われたら喜ぶのか

ということもわかるようになってきます。

■自分の常識は他人に通用しない

私たちは、コミュニケーションを自分本位に捉えがちです。

「言ったじゃないか！」「そんなことは聞いていません」というやりとりが象徴しています。あなたもこのように言われたことがあるのではないでしょうか。あるいは、あなたも使う言葉かもしれません。

「言ったじゃないか！」という言葉の裏には「自分の言ったことは絶対に相手が聞いていて、理解納得しているはずだ」という気持ちがあるかもしれません。まったくの自分本位ですね。

「そんなことは聞いていません」というのは「聞いていないんだから、こちらに責任

なんてない。どうせ言ったつもりでいるだけで、言い忘れたのだろう」と伝えたいのでしょう。これもやはり自分本位です。

自分本位の人たちのコミュニケーションは不安定で、人間関係のトラブルを起こしやすいものです。コミュニケーションは、相手本位でなければ気持ちのいい人間関係を築くことはできません。

トラブルが起こったときは、相手のせいにして責任をなすりつけるのではなく、「自分の言ったことを、彼が（彼女が）理解できていたか」という視点が不可欠です。「そんなこと聞いていません」と、責任逃れするのではなく、「相手が言ったことを、うわの空で聞けていなかったのかもしれない」という視点です。

そんなときは感情的になって反発するのではなく、「では、もう一度聞かせてください」と素直に言えばいいのです。

本音で付き合える「いい空気」のつくり方

■苦手な相手はこうして操る

あなたが疲れない人間関係をつくっていくためには、相手がいまどのような状態で、どのような心境なのかということを考えながら対応することも一つのポイントです。
これをすることで、コミュニケーションがうまくいき自分も楽になります。
たとえば、せっかちな人やいつも忙しく動き回っている人であれば、同じことをくり返して説明したくないはずですから、

・メモをとりながら話を聴く
・重要と感じたポイントは、相手の言った言葉を一部くり返して確認をとる

など、相手が安心し心地よく感じるであろう対応をとることです。これらはすなわち、相手に安心感を与えるということです。

相手本位の目で見て、よく観察していくと、不思議なことに、呼吸の速さ（リズム）が同調してきます。そして、話す速度、声のトーン、姿勢、仕草なども同調してきます。これらは、心理カウンセラーがカウンセリングで意識的に使う「ペーシング」という手法です。

人間は**「同じもの、似たものに安心感を持ち、心を開く」という性質**を持っていま

す。短い時間で、安心感と信頼感をつくるにはたいへん効果的な手法です。

相手本位の目で、相手や周囲を見てみると、違う世界が見えてくるかもしれません。そしてそれは苦手な相手の心を開くキー・ポイントでもあるのです。

ほめられると誰だってうれしい

私たち人間は、誰でも本質的には「自尊心」を持った動物です。それは前に触れた自我と密接な関係があります。どんなに幼い子どもでも、歳を超えたお年寄りでも、生きているかぎり自分のことが大切なのです。

自己嫌悪に陥り、「自分のことなんて大きらい！」と感じている人も、自分のことが大切なのです。「自分のことなんてどうでもいい」と思っているなら、自己嫌悪になりはしないからです。

また、自尊心を満たしてくれる人には好意的に接するものです（返報性の法則：好意を受けると、同じように返したくなる）。

ですから、攻撃的な人や苦手な人にこそ「あなたが優秀で、すばらしいところを持っていることを私は知っていますよ」というメッセージをさりげなく伝えてみることです。感情的な人でも、自分のよさを認め尊重してくれる人には否定的な態度をとらないものです。

この、「自分は尊い存在である」という感覚が持てるからこそ、より一層成長しようという気持ちも生まれます。

これらのことは上司から部下、大人から子どもといった、上から下へのコミュニケーションだけではなく、下から上へのコミュニケーションにおいても大切です。部下が上司の優れているところ、感謝しているところを伝える。子どもが親に対して感謝の気持ちを伝えるような場面です。

「そんな、ゴマをするようなことはできない」と思いますか?

「ゴマをする」とは、うまく接することによって自分にメリットのある人だけによく思われるような態度をとることです。年齢や立場に関係なく、誰にでも尊重する態度をとれば「ゴマをする」ことにはならないものです。

■最高のほめ言葉を言える人は強い

余談になりますが、山田洋次監督がインタビューに答えていた言葉が印象的でした。

彼は演技に関して大変こだわりを持ち、出演者に対してとても厳しい要求を出すことで有名な監督です。彼は「どんなことを大切に考えながら、演技指導をするのですか?」という問いに対して、

「どこでほめようか、いつも考えています」

と答えているのです。この言葉には、雷に打たれたようなインパクトがありました。厳しい要求を出す中でも、彼は「この俳優はどこがすばらしいのか」「あの女優は、どの表情が一番きれいに映るのか」「どのように自分が関われば、さらにすばらしさを引き出すことができるのか」を、常に考えているわけです。

もちろん、監督は、そう易々とはほめません。おそらくは一本の映画を撮る、膨大な行程の中で、たった一度か二度ほどなのでしょう。

しかし、その瞬間のひと言は、心の込もったひと言であり、俳優・女優が最も自信を持てる表現で伝えられるのだと思います。

簡単にペラペラとほめろとは言いません。ほめるにしても、叱るにしても、その相手に対して尊重と愛情、未来への期待がなければ、どのような言葉をかけようが無意味なのです。

「どこでほめようか、いつも考える」ことは、尊重と愛情、未来への期待の表れです。だから叱ったときにも、その真意が相手には伝わります。

そして、ほめるのは1年に1回になったとしても、それでいいのです。その瞬間は、一番その相手が輝く言葉で、最高のタイミングで紡ぎだされる「ひと言」になるはずです。

［第6章］

人間関係で疲れない考え方

マイナスの感情に支配されない現実のとらえ方

■「自分と相手だけの空間」から意識を離す

人間関係で悩んでいるときは、コミュニケーションについて書いてある本を読むというのが一般的かもしれません。それも、もちろん問題解決のヒントを得ることができるでしょう。

しかし、具体的な考え方を知識として入手し、効果的な言いまわしなどをなぞったとしても、まったく解決しないということが起こります。

なぜこのようなことが起こるのかというと、悩みというものは「二次元の世界」で起こるものだからです。

二次元の世界とは、平面の世界のことです。私たちは、ふだん自分を中心としたその平面の世界を見ている状態なのです。自分の位置や周囲の配置、周囲との距離などが把握できていません。

前章で、コミュニケーションを学べば学ぶほど、コミュニケーションが下手になっていく人たちについてお伝えしました。その人たちはまさしく二次元の世界に生きている人たちです。自分を中心に相手を見て、入手した新しい考え方やコミュニケーション・テクニックで相手をうまく変えてやろうというスタンスなのです。当然、自分の表情や相手の顔色、互いの距離感、適切なタイミングなどがまるで見えていないわけです。

そうすると、相手の気持ちを配慮せず、ぎこちないうわべの表現になり、思いが伝わらないのです。自分を含めて相手や周囲の状況を見て感じとれる心がそこにはありません。自分中心の、一杯一杯の状態なのです。

「俯瞰」という言葉があります。高いところから見下ろすという意味です。

ふだん私たちが見ている世界とは違い、「広く全体を見渡し感じとる」という意味で誰ともあります。妙な例えかもしれませんが、「幽体離脱」したようなイメージで物事を見るということです。

何が言いたいのかというと、人間関係において、二次元の世界で自分中心に相手を見ていても、問題やトラブルは解決できないということです。

ですから、コミュニケーションの理論やテクニックなどの小手先の方法では解決できないのです。状況がまったく見えていないからです。

この**「状況」とは、相手の表情、いまの気持ち、相手の立場、周囲の状態、そして何よりも自己中心的に世界を見ている自分自身**のことです。

俯瞰できるようになると、見える世界がまったく変わってくるということです。

■離れた視点を持つと「状況」が見える

たとえば、トラブルが起きて上司に注意されているとき、自分の中のもう一人の自分がオフィスの天井までゆらゆらと上昇して、上司に注意されている自分の表情を眺めているのを想像してみます。

「私おびえてるし、戸惑ってるな」

次に、感情的になっている上司の顔を見てみましょう。

「怒ってる怒ってる。いつも通りだな。何回このシーンを経験してきたことやら」

周囲のメンバーにも目を向けてみます。

「うわー、居心地が悪そう」

どうしてこうなったのか、しばらく考えてみます。

「小さなミスだったけど、報告が遅れたからな。それに今日の上司は機嫌も悪いみたい」

いまの自分の対応でいいのかも考えてみます。

「まずは、真摯な態度で自分の非を認めて謝ろう」

どのように対応すれば効果的か考えてみます。

「関係部署の担当者にしっかりとお詫びして、協力をお願いしよう」

このように俯瞰を試みることによって、相手のイライラに衝撃を受け頭の中が真っ白になり、相手に振り回されていた状態から抜け出します。すると、少しずつ冷静に考えて対応することができるようになります。

感情を他人にぶつける人などは、自分が相手の冷静さを奪ったにもかかわらず、アタフタとする相手の反応を見てさらに感情的になっているのです。

あなたが俯瞰を試みて、少しずつでも冷静な思考や態度を持つことで、相手からのさらなるイライラを防止し、相手との関係性を変化させることにつなげることができます。

相手の言動の裏にある「本当の気持ち」を見守る

■同じレベルにいるとイラだつ

人間関係のトラブルは、「相手と自分が同じレベル」だから起こるのです。

身近な例をあげてみると、親子喧嘩などはその典型でしょう。

「親と子ども」という関係ではありますが、喧嘩の真っ最中は「同じレベル」です。互いに感情的になり、目を吊り上げ、ひどい言葉で応戦します。本人たちは熱中しているので無自覚ですが、どれだけもっともらしいことを言ったとしても、結局は「どっちも、どっち」なのです。

いまから20年ほど前になりますが、テレビ番組の企画で、小学生の子ども100人に親に望むことを聞いたアンケートがありました。

私は「お小遣いを上げてほしい」「ディズニーランドに連れて行ってほしい」「新しい自転車を買ってほしい」などの回答が上位にくると予想していたのですが、なんと1位の回答は「もうちょっと、大人になってほしい」でした！

たしかに、わが子と喧嘩をするときは、「親」という立場を忘れ、子ども同士のように感情をぶつけあっているわけですから、子どもから見ても「親」に見えるわけはありません。（まあ、家族ですからそんなものでいいと思いますが）。

相手の未熟さを、かつて自分も通った道だと受け入れ、辛抱強く見守ろうという、大人の意識と対応をすれば喧嘩になりません。

相手も、自分とは違う「落ち着いた」感情レベルで働きかけてくれるあなたを、「一段高いレベル」だと認識するのです。

違うレベルに視点を置いてみるだけで、人間関係のトラブルは一変することがあるのです。

■願いを叶えられない〝何でも屋〟

以前ビジネスの交流会で、「どんなご要望にも応える何でも屋」という男性にお会いしたことがあります。

彼はどんな依頼にもチャレンジする姿勢を持っていたのですが、当たり前のように「ばあさんを生き返らせてくれ」「モテる男にしてくれ」「明日までに2000万円の借金を何とかしてくれ」「不老不死の薬を探してくれ」「妻が自分に優しくなるようにしてくれ」というような、とんでもない依頼まで来たそうです。

それでも彼は腹を立てることもなく、できなかったときは誠実に謝るという姿勢で仕事をしていました。もちろん、彼は宗教心でこのようなことをしていたわけでもありません。

彼はイヤがらせのような無理難題な依頼をしてくる顧客に対して、

「お客様が難題を言われる背景にはさまざまなものがあります。寂しさ、悔しさ、苦しみなど、独りでは乗り越えられそうにないもの。それは直接本人同士で表現し合ったり、解決できないことが多いのでしょう。だから私のところに、間接的に依頼が来るのです。その依頼に全力でとり組み、応えようとすることで、お客様自身が救われ、独りではなくなるのです」

と言っていました。

もし彼が、「無理難題を言われても困る!」というような思いで顧客に対応をしていたら、おそらく顧客の悪意に飲み込まれ、彼の仕事人生は散々なものになっていたでしょう。そして、意地悪や悪意で依頼してきた顧客も、きっとそのあとも別の人に悪意を持って接し続けたでしょう。

しかし、彼はただ仕事をこなすだけではなく、顧客が自分を必要としている本当の理由を考え、彼らの心の深い部分を満たすことができたのです。

それは彼がまったく違う視点で物事を受け止め、無理難題な依頼の奥にある本当の問題を見抜いたからです。きっと彼に心の深い部分から癒され、その後の人生が変わった顧客も多いのではないでしょうか。

実際、再び彼に仕事の依頼をしてくる顧客がほとんどだそうです。顧客自身の人への接し方も善意あるものに変化したということなのでしょう。

そして何よりも、彼自身も豊かな人生と、仕事の本当の意味を実感し続けているのです。

彼は、「おかげさまでずいぶん多分野の勉強をさせていただき、腕が磨かれましたよ」というとても前向きな受け止め方で、宗教・人間関係・心理・死生観にまつわること、離婚調停・銀行との交渉術・闇社会との縁の切り方、イタチの習性、スズメバチの駆除方法、ガーデニング等々……さまざまなことを身につけていました。

彼はいまや、広い分野におけるスペシャリストです。

本当の幸せは視点を変えたときに気づく

■本当の幸せに気づくとき

俯瞰という言葉を使いましたが、これは「広い視点で物事を見ると世界が広がり、違う発想・新しい発見がある」という意味も含んでいます。つまり、それまでの自分とは違う人間になることができるということです。

昨日まで悩んでいたとしても、ある視点に達することができると、その日からはもう悩まなくなります。

これは私が出会った末期ガンを宣告されたある男性の話です。

彼は数カ月間体調がすぐれない日々が続いたので、忙しい中時間をつくって検診を受けに行きました。そして後日受けた再検査の結果はすい臓ガン。転移もしている状態でした。若いので進行も早く、手術をしたとしても悪性腫瘍をすべてとり出せる可能性は低いという話です。

もし、手術を受けなければ余命は半年から1年程度。手術を受けたとしても、少し引き延ばせる程度だろうという状態でした。

彼は学生時代からスポーツマンで、数年前にはトライアスロンにもチャレンジしていました。もちろん、タバコを吸うこともなく、お酒も付き合い程度の量しか飲みません。勤勉で責任感も強く、道徳心を重んじる善良な男性でした。

彼の頭の中で「なぜ、自分が……」という思いが、何千回も巡りました。

彼には妻と、中学生と小学生の子どもがいました。自分の死に対する恐怖と、妻と子ども二人を残して逝かなければならない寂しさに、胸も張り裂けんばかりです。と り乱した彼は数日間家でふさぎ込んで、出社はおろか外出すらしなかったそうです。

そして、一週間近く家に引きこもったある日、ふと不思議な感覚に陥ったそうです。

それは、子どもが幼いときの写真が入ったアルバムを見ていたときでした。

「この子たちが子どもを授かり、そして豊かに育み、またその子たちが結婚し、子どもに恵まれ……このあとも続いていくであろう命のリレー。何十年も、何百年も、できれば延々と続いてほしい。そして、私もこのリレーランナーの一人だったんだな。何百年も、何千年も、何万年も続き、先人から受けつがれてきたバトンを妻と子どもたちに手渡すことができたんだ」

そして彼は思いました。

なんてすばらしいことだろう。なんて幸せな人生なのだろうと。

次の日、彼は早朝から出社の支度をはじめ、家族に最高の笑顔で挨拶をしたそうです。出社すると職場の人に休んでいたことを詫び、自分がガンであることも伝えました。

そして、決してあきらめていないこと、でも生きることに執着はしていないこと。とにかく生かされているかぎり一日一日を大切に、精一杯全力で仕事に励み、共に過ごしてくれるすべての人を愛したいと宣言をしたのです。

■「違うスケールと角度」から見える人間的成長

彼の至った視点は、俯瞰という言葉では表現しきれないほどの大きさです。

何百年、何千年、何万年と続いてきた生命の連鎖を感じ、その中の一つの役割として自分という存在と余命を見る。そうしたときに、彼はパラダイム・シフト（根本的枠組みの大転換）を起こしたのでしょう。

もし、目の前の死や病とにらめっこしていたら、彼は人生を嘆いて死を恐れ、苦しい余命に翻弄されていたでしょう。

しかし、まったく違うスケールと角度から俯瞰することによって、死や病の恐怖さえも乗り越えて豊かな日々を過ごし続けているのです。

このことは私たちの日常で起こりうるトラブル、失恋や離婚、わが子の不登校、失業などについても同様です。

目先のことだけにとらわれていると、自分を責めたくなるでしょう。

しかし、自分を責めても、何かのせいにしても問題は解決しません。

俯瞰して自分のありかたを見つめたとき、自分が変化・成長し、問題が解決できることに気づくのです。

「これまでの人生で、いまが一番充実していて、すばらしい時間を過ごせています。妻や子どもたちが愛おしい。会社の人とも最高のチームワークで仕事ができています。もちろん、命の終焉はいつやって来るかわからない状態は続いています。でも、そのことを嘆く気持ちよりも、今日を精いっぱい生きて、最高の一日にしたい。私の命が終わっても、妻や子どもたちがリレーランナーとして走り続けてくれます。部下や後輩たちが、すばらしい仕事を伝え続けてくれます。いまはもう、何の心配もないのですよ。少しさみしいですけれどね」

そう言う彼は現在49歳。

治療を続けながら、いまもビジネスマンとして全力で生きています。

価値観も信念も毎日リセットする

■「当たり前」は人によって違う

私たちは人間関係のトラブルや悩みにおいて、「価値観の違い」を大きな問題として考えています。

しかし、そもそも、「価値観」とは何なのでしょうか。そして「価値観の違い」は、越えがたい大きな壁なのでしょうか。

価値観とは、「これが当たり前」という観念であり、物事の軽重を図る物差しであり、私たちが生きていくうえで重要な判断を下す基準のようなものです。

たとえば、どのくらいの収入があればよしとするのか。あるいは、どのくらいの預貯金があれば十分とするのか、という「金銭」にまつわる価値観。

または、どの学校に入学し、学士・修士・博士まで目指すのか、という「学歴」「教育」にまつわる価値観。

仕事を食べていくための手段と捉えるのか、それだけではなく人生における大切な役割として向き合っていくのか、という「仕事」にまつわる価値観などです。

そのほかにも、「時間」「家族関係」「友人関係」「食」「宗教」など、日々の生活をしていくうえで、判断や決定をするための基準としているさまざまな価値観があります。

これらの価値観が違っているために、対立や争いなどの人間関係におけるトラブルが発生しています。

離婚の原因は「価値観の違い」が常に上位です。親子関係がうまくいかないのも、「価値観の違い」でしょう。部下や上司との関係における悩みは、「世代間における価値観の違い」が多いものです。

■人間はすぐ支配されてしまう

では「価値観」が、どのようにつくられていくのかを考えてみましょう。

昔の話ですが、破壊的なカルト宗教団体では、メンバーの意思統一を図るために「マインド・コントロール」を行います。

マインド・コントロールというと、催眠にかけるようなものだと勘違いしている人が多いようですが、そうではありません。**じつは「情報操作」なのです。**

オウム真理教の事件で知られるようになりましたが、信者と言われた人たちは教団施設で修行をし、見事なまでにマインド・コントロールされ、意思統一と情報が統一されていたのです。

彼らは施設内の教団員や信者としか話せません。家族や友人が面会に来ても、一切会うことができません。そしてテレビ・ラジオ・新聞などのメディアにも、一切触れられないのです。そのうえで、教団にとって都合のいい情報だけは、どんどん与えられていくわけです。この手法で、少なくとも2週間も経てば、教団を完全に信じ込み、1カ月経てば見事にマインド・コントロールされて、自分の意志では脱出することが不可能になります。情報が偏ることで、私たち人間の考え方や価値観、意思などは簡単に揺らいでしまうのです。

自分の価値観が正しいと思わない

■一緒にハッピーになる

価値観が正しいか間違っているかは、短い時間で判断できるものではありません。

いまは非常識なことでも、5年経てば常識になることなんていくらでもあります。

個人も人間的に成長することで、自然に価値観は変化していきます。

大切なことは「自分の価値観は正しい」と思わないことです。自分の持っている価値観や信念は、毎朝リセットして生活をスタートするのです。

たまには自分の価値観や状況を俯瞰してみてください。

自我のとらわれからちょっと抜け出て、自分にメリットがなくても友人が心から楽しんでくれることは何だろうと考えてみる。

自分の立場を守ることよりも、チームにとっていま必要なことは何だろうと考えてみる。

自分の意見を押し付けるよりも、家族が幸せになるために、いま大切なことは何なのだろうと考えてみる。

このような意識から出てきた価値観や意見を他人に伝えることができれば、多くの人が納得し、協力も惜しまないでしょう。

他人のためにという思いでいると、2章で述べた「ねばならない」の世界に入ってしまうのでは？と思う人もいるでしょう。

「嫌われないように」という意識で起こす行動と、「人に喜んでもらい、自分も一緒にハッピーになりたい」という意識で起こす行動は違います。

前者は、自我に囚われることで自分を犠牲にし、他人目線で人に尽くす言動が自分自身を苦しめている状態です。

後者は、他人の表面的な言動に振り回されず、自分の意思で人が本当に喜ぶことを考えている状態なのです。

そして、後者の視点にたどりついたとき、人づきあいで疲れない自分となり、心から自分の幸せを実感できるのです。

■まず「楽しむ方法」を考える

この世の中には、「どうしようもない」ことがたくさんあります。「どうしようもない」というのは、「自分の希望や期待通りにならない」という意味です。

雨が降ってほしくないと思っても、自然は平気で雨を降らします。年老いたくないと願っても、抜けるわ、ハゲるわ、シワはよるわ、シミだらけになるわ……。

そして、これらのどうしようもないことを、「どうにかしよう」というところから悩みが生まれるのです。

この世の出来事は、あなたに意地悪をしてやろうとか、特別に苦しめてやろう、などという意識を持って起きているわけではなく、ただ現象をもたらしているにすぎません。

なんとかしようなどと思わずに、ありのままを受け入れ、そのことをいかに楽しむかを考えることで、人間が抱えるたいていの悩みは解決します。

しかしながら、この自然界で唯一、特異な存在があります。

それは人間の持つ〝自我〟です。この自我だけは、ありのままに放置して、好き勝手にやらせると暴走するのです。

そこで、教育が必要になるわけです。教育という「しつけ」を通じて、していいこと、悪いことを身につけ、暴走しないようにするのです。道徳や倫理を通して、目先の利益を追うだけではなく、他人を助ける喜びや大きなレベルにおいて自分の幸福が広がることを学んでいくのです。

しかし、学んでも、学んでも、そう簡単には自我のとらわれから脱することはできません。自分のことを一番に考え、自分の利益を企て、思うままに物事を押し通そうとし、保身に走ります。それが、人間という未熟な未完成な存在です。

自分も含めて「未熟な存在」同士が関わることで人生はつくられ、また彩られていくのです。

■いますぐに解決したいと思わない

あなたがこの本を手にとった理由は、周囲の人と関わっていく中で、あなた自身があるがままではいけないと思ったからでしょう。

自分が変わり、相手を変え、成長することで現状を乗り越えていきたいと思ったからでしょう。

しかしながら、このような本や、さらにすぐれた書籍を読んだとしても、たちどころに問題解決するわけではありません。人間の成長とは、ゆるやかなものです。目に見えて確認できるようなものでもありません。そして、学ぼうとするあなたよりずっと後に、苦手な相手の変化や成長はついてくるものです。

「時間薬」という言葉があります。

これは、「時間が経てば、傷（病）はよくなる」という解釈もできれば、「いますぐにできることはなく、ただ待つ以外にはない」という意味もあるのだと思います。

人間関係のもつれやトラブル、悩みなどは「すぐに解決したい」と願うほどつらいものです。

何とか早く、自分が変わり**相手との化学反応を変えたくなる**でしょう。

しかし、その化学反応は、物質の変化ほど早くはありません。こちらがジワジワ変わることで、相手も遅れてジワジワ変化し、時間をかけて反応自体が変化するのです。それまでは、急いでもどうしようもないのです。焦ってもしかたがないのです。それはそんなもので、しゃあないのですから。それは、そんなものだと、「あきらかにみとめる」しかないのです。

■気がつくと自分は変わっている

「他人と過去は変えられない。自分と未来は変えられる」という、仏教によって伝えられた言葉があります。

人間関係においてたとえつらくても、苦しくても、イライラ・ムカムカしても、「相手を何とか変えよう」とすれば、相手は自我の暴走により思わぬ変化を起こし、あなたとの関係より深刻なものになります。

あなたを疲れさせる苦手な相手や関係性がすぐ変わらなくても、しゃあないのです。

あなた自身が少しずつでも、どれだけ時間がかかっても、自らが変化・成長していこうとする姿勢と行動が、相手との化学反応に確実に影響を及ぼすのですから。

■がまんする人の心理

身近な人に不満を感じることは、あると思います。

たとえば、

・職場で、同僚や後輩が、テキパキと仕事をしないのでイライラする。
・恋人が、いつも約束の時間に遅れてくる。
・趣味のサークルで、仲間が面倒なことを、何かと押し付けてくる。

このように相手の言葉や行動に不満を感じたとき、あなたは不満を伝えますか？

それともがまんしますか？


不満の内容にもよりますが、たいていの人は、「言わないでがまんする」ようです。

不満をすぐに伝えない人には、２つのタイプがあります。

一つは、最終的に攻撃的な言葉で怒りを爆発させてしまうタイプと、もう1つが、イライラを募らせ相手を見切ってしまうタイプです。

まず、「最終的に攻撃的な言葉で怒りを爆発させてしまうタイプ」です。

不満をすぐに伝えない理由は、「不満だ！　なんて言うと関係がギクシャクする」「言うと相手に嫌われてしまうかもしれない」と考えるからです。

つまり人間関係がうまくいかなくなることを心配しているのです。

しかし、不満を「がまん」しても、「消えてなくなる」わけではありません。いつまでたってもスッキリしませんし、ストレスがたまります。

カウンセリングの世界では、人が相手に不満を伝えるということは、「最後通告（最後の要求をし、相手が受け入れなければ、平和的な交渉を打ち切る宣言）」に近いと言われています。

不満をがまんして、がまんして、それでもまだがまんして……、ついに限界が来たときにぶちまけるので、「怒りの感情」として、一気に相手へ飛んでいきます。溜めに溜めた不満ですから、その時の不満だけでなく、過去のうっぷんも一気に出てきます。

「それを言っちゃおしまいよ」という「最後通告」とは、このことです。

表面的には穏やかで、何事もないように見えるのですが、がまんして抑え込むたびに、心の中で、相手に対する怒りや攻撃性が蓄積されていくのです（受動的攻撃性）。

次に、「イライラを募らせ相手を見切ってしまうタイプ」です。

親子や夫婦、恋人などの、より甘えられる人間関係では、他の人に対してよりも、不満を言いやすいかもしれません。すると、いつも「売り言葉に買い言葉」となり、相手との「勝負」になりがちです。

言えば言うほど嫌な感情を抱え、疲れ果ててしまうでしょう。

そして、「もう、言ってもムダ！」とレッテルを貼り、あきらめる人が多いのです。

でも、完全にあきらめきれるわけはなく、いつもイライラしています（現実からの逃避）。これでは、当面のストレスから逃げているだけなので、完全に満たされることはありません。

いかがでしょうか？

あなたはこのどちらかに当てはまりませんか？

相手をやっつけてしまう人の心理

■不満は伝染していく

不満を感じると、その不満を相手に伝える人がいます。

不満の気持ちは、伝えれば伝えるほど、相手との関係がギクシャクしてしまいます（先ほどの「イライラを募らせ相手を見切ってしまうタイプ」と重複するところもあります）。

こういう事例を紹介しましょう

男性が部屋で本を読んでいます。

この本は、友人がずいぶん前に貸してくれたものです。

明日、その友人と会う約束をしたことで、本を借りていたことを思い出したのです。

「今日中にこの本を読んで、明日会ったときに返そう。せめて感想ぐらい言えないと、せっかく貸してくれた友だちに悪いしなぁ」

しかし、同じ部屋で彼の弟が、大きなボリュームで音楽を聴いているため、気持ちよく読書ができません。

彼は、しばらくがまんしていたのですが、ついイライラして、次のように言ってしまいました。

さあ、あなたならこの不満をどう相手に伝えますか?

「うるさい!」

「消せよ!」

「ボリュームを下げろよ」

「あっちで聴けよ」

「ヘッドホンぐらいつけろよ」


いかがですか？


あなたは不満を感じたとき、どのように相手に伝えますか？

これらの言い方のどれかに当てはまりますか？

それとも、自分が部屋から出ていきますか？

「自分が部屋から出ていく」のもひとつの方法ですが、「仕方なしに自分が動く」のではがまんしていることと同じになり、解決にはなりません。

■やっつけられてしまった人の心理

先ほどの例の男性は、弟を「非難する」ような言い方をしました。

こういった場合、相手はどんな反応をして、どんな感情を持つでしょうか？

筑波大学で行われた実験結果では、ほとんどの場合、言われた相手は「嫌な感じがした」「自分勝手だ」「腹が立った」という感想とともに「反発心」を持ち、不愉快になることがわかりました。

では、相手がなぜ不愉快になったのか、その理由を考えてみましょう。
理由❶　兄が「本を読みたい」のと同じように、弟も「CDを聴きたい」。
理由❷　「困っている」のは兄だけで、弟は困っていない。
理由❸　弟は兄を「困らせよう」とわざとやっているわけではなく、兄が困っていることすら「知らずに」CDを聴いている。
理由❹　兄は、ほぼ一方的に、責めるような言い方をしている。
理由❺　兄はどうして音楽を消してほしいのか、あるいはボリュームを下げてほしいのか理由を話してもいない。

これら5つの理由を合わせて考えてみると、弟は、兄が「伝えた言葉（内容）」に「納得」していないことがわかります。
人は納得すれば快く動けるものですが、納得しないまま「動かされる」と、反発します。

どうでしょうか？　これらの言い方では、弟は納得しそうにありませんね。

もちろん、兄の言い分もわかります。

「そのくらい、いちいち言わなくても、わかって当然だ！」という気持ちでしょう。

しかし、兄の考え方のベースとなっているのは、またもや「わたしは正しい。相手は間違っている」ではないでしょうか？

あなたと同じように、相手にも「やりたいことがある」のです。

■非難の言葉を浴びせてしまう人の心理

「わたしは、自分の意見を素直に伝えます」という人たちの話をよく聴いてみると、たいていは、弟に強く言ってしまった男性のような、相手を非難する言い方なのです。

つまり、自分の事情は何一つ伝えず、「相手のこと」だけ指摘しています。

言葉の裏に、隠れている意味は、こういうことですよね。

「あなたが悪い」

「あなたはわかっていない」
「あなたは迷惑な人」
「あなたのやり方は間違っている」
「あなたは変わるべきだ」

このように「相手を非難する」メッセージを伝えてると、周囲の人は、あなたに心を閉ざしてしまいます。

不満を相手に伝えると、「人間関係がギクシャクするかもしれない」「嫌われてしまうかもしれない」と心配する人は、「不満を相手に伝える」＝「相手を非難する」ことだと思っているからではないですか？

■あなたの「怒り」の裏にある、本当の気持ちとは？

相手の言動に不満を感じるときは、その根本には相手に対する「期待」があることは述べました。

不満を感じたあなたは、その相手に腹が立つ、イライラするなどの「怒り」の感情を向けるかもしれません。

しかし、何か事が起こったときに、最初から怒りの感情を持っている人はいないのです。

ここで「怒り」の感情について一緒に考えてみましょう。

たとえば、デートの待ち合わせ時間に、大幅に遅れてきた恋人へ怒りを向けている人は、待ちはじめたときから怒っていたわけではありません。

待ち合わせ時間から5分ほど過ぎたころに、「あれ? まだ来ないなあ」と少し不安になります。

携帯電話がつながらなければ不安は高まるでしょう。

さらに10分、15分と待っているうちに不安はどんどん膨らんできます。

「何かあったのかなあ?」「仕事のトラブルかな?」「待ち合わせ時間を勘違いしてる?」。

さらに20分を過ぎたあたりからは、「約束を忘れてる?」「もうどうなってるの!?」と、悲しいやら、淋しいやら、不安やらの気持ちで泣きそうになってきます。

しかし、相手の姿が見えたときには、「来たー！」と心の中で叫び、ホッと安心したはずです。

実はこの、「心配したし、不安になったし、泣きそうにもなったけれど、来てくれてよかった。ホッとした」という感情が「第1感情」と呼ばれる感情です。

その瞬間はたいていい安堵のため息を漏らしているはずですが、その直後には目がつりあがっています。

思わず相手に「いい加減な人ね、時間も守れないの!? よくそれで仕事ができているわね！」と怒りをぶつけてしまいます。

これが「第2感情」です。

あなたは、「素直な気持ち」の第1感情と、「怒り」の第2感情のどちらを伝えられたほうが相手を愛おしく感じますか？

「来てくれてよかったー！（不安で泣きそうになって）どうしようかと思った」

こう伝えられたら、「ゴメン！本当にゴメンね！」と、素直に謝れるはずです。

わたしたちは日ごろ、素直な気持ちをなかなか相手に伝えていないようです。

それどころか、第2感情での「怒り」のコミュニケーションは、実は、「制裁を与えてやりたい」という心理から出ているのです。

「こんなにわたしは驚いたし、不安・心配、恐怖すら感じた。だから、そんな思いをさせたあなたに、同じぐらい怖い思いを味わわせてやりたい！」という気持ちです。

本心や本音を伝えずにわかり合えるものがあるでしょうか？

人は誰でもがっかりしたり、落ち込んだり、淋しくなったり、悲しくなったり、不安だったり、心配になったりする生き物です。

そのありのままの、素直な気持ちを伝えずに、「怒り」の感情で相手をやっつけてばかりいると、いつまでたってもわかり合えないかもしれません。

■気持ちを素直に伝える

「この書類業務、明日までにやっておいて」↓期待を伝えず指示だけ
「お客様に安心してもらいたいから、この書類が明日までに必要なんだ。協力してね」↓期待を伝えて協力を求める
「絶対に時間には遅れないでよ！」↓期待を伝えず指示だけ
「人気のレストランだから、予約時間に遅れると後回しにされるみたい。6時の待ち

合わせ、お願いね」↓期待を伝えて依頼する

素直に「期待」を伝えられると、まったく雰囲気が変わりませんか？

そして、叶えてあげられる程度の期待であれば、相手は気持ちよく承諾してくれるかもしれません。

しかし、あなたの期待通りに相手が動いてくれないことも当然あるでしょう。

すべてが期待通りに運ぶわけはないからです。

人それぞれ、他人に対して求めるものは違います。

会社でも立場や役割によって求められること、果たさなければならないことが違いますよね。そうすると相手に求めることだって違います。

プライベートでも男女の性差によって、あるいは個人の性格や考え方、価値観によっても求めることは違います。

あなたから見ると、相手がときどき「間違っている」ように見えることがあるかもしれません。

しかし、**それは「間違っている」のではなく、「違っている」だけ**なのです。

心理的に自立している人は、自分と相手が違うことを認識していて、考え方が異なることを前提として、自分の「期待」を丁寧に相手に伝えます。

それを、相手が納得して叶えてくれれば喜び、相手が叶えられなければ「叶えられない相手を理解しよう」として、相手の言い分をよく聴こうとします。

しかし、心理的に自立していない人は、自分の「期待」を丁寧に伝えようとしません。

「いちいち言わなくても、わかってくれて当然」であり、「その、わかって当然の、わたしの期待に応えないあなたが悪い」と無意識的に相手にもたれかかり、甘えを押し付けているのです。

そして相手を責める言葉ばかりぶつけることになります。

側にいる時間の長い人ほど、いちいち言わなくても気づいてほしいし、わかってほしいし、思いやってほしいものですよね。

そう思うこと自体は決して悪いことではありません。

やがては「言わずとも響き合える」そんな関係に近づいていきたいものです。

しかし、そのためには「あなたという人」が何を思い、考え、期待する人なのかを、相手に知らせなければ「打てば響く」は実現しません。

相手に不満を感じたときには、ぜひあなたの中にある相手に対する「期待」を探ってみてください。

そして、心を開いて素直に気持ちを伝えることのできる人になり、気持ちのいい関係にしましょう。

エピローグ

心理学の目的の一つには、「悩みを解消（軽減）する」ことです。しかし、一瞬にして悩みを解消する方法などはありません。ある程度じっくりと時間を取り、自分を整理してみることが必要になります。そう、「たいせつな自分のために時間を使う」ということです。

この本の内容は、「論理療法」「交流分析」「自己暗示法」「コミュニケーション心理学」の主に4つの手法を中心にすすめました。

まず論理療法では、「いま・ここ」の自分に焦点を当て、感じていることや考えていることをそのまま受け入れていきます。そのうえで、そのような感情を持ってしまう自分自身の「出来事に対する受け止め方」を自覚することで「固定観念からの解放」をします。

そして交流分析では、「過去志向の心理学」ともいわれるとおり、出来事に対する受け止め方の傾向は、幼少期から今現在までの成育歴や体験に影響され形成されてきたものです。自分の「心の成り立ち」を理解することで、初めて自分に変化をもたらすことができるのです。つまり、「気づいていないものは変えられない」「気づくことによって変化をもたらすことができる」ということです。このことを、「無意識の意識化」といいます。

第5章、第6章では、「人間関係」を取り上げました。私たちが生きているこの世界では「自己完結」しているものは一つもありません。仕事もプライベートも、誰かと出会い、関わり、協力することで成り立っているのです。その関係性がうまくいっているときに「幸せ」という状態が生まれます。うまくいっていないときに「不幸」という状態が生まれます。つまり、私たちの生活も人生も、「人間関係の質」によって豊かさが決定するのです。

読者の皆さんには、本書のバリエーション豊かな心理学を楽しんで読み進めていただき、心の操縦法を身につけていただきたいと思います。

最後になりましたが、本書の編集にご尽力いただいた総合法令出版の大西鉄弥様に心より感謝申し上げます。

林　恭弘

林　恭弘
（はやし・やすひろ）


1964年生まれ。兵庫県宝塚市出身。日本メンタルヘルス協会心理カウンセラー・講師。

幼児教育から企業を対象とする人事・教育コンサルタントまでたずさわった後、現日本メンタルヘルス協会代表・衛藤信之氏に師事。カウンセリング活動の他、東京・名古屋・大阪・福岡での同協会主催の心理学ゼミナール講師、企業・学校・各種団体を対象とした講演会・研修会講師として活動。「活力ある社会と、優しい家庭を創造する」をテーマに、日常生活に実践的ですぐに役立つ心理学を紹介する。

著書に、ポチ・たまと読む心理学シリーズの『ほっとする人間関係』『落ちこみグセをなおす練習帳』『「わたしの生きる道」を見つける練習ノート』『誰といても疲れない自分になる本』『世界一やさしい 人間関係の教科書』などがある。

こころをリセットする5つのルール
「イヤな気持ち」を今すぐ消す方法

2018年11月21日　初版発行

著　者　林　恭弘
発行者　野村直克
発行所　総合法令出版株式会社
〒103-0001 東京都中央区日本橋小伝馬町15-18
ユニゾ小伝馬町ビル9階
電話　03-5623-5121
印刷・製本　中央精版印刷株式会社

落丁・乱丁本はお取替えいたします。

ISBN 978-4-86280-657-4
総合法令出版ホームページ　http://www.horei.com/